VRHUNSKA KUHARICA S TREŠNJAMA

Istražite slatke i trpke okuse trešanja u 100 izvrsnih recepata

Mila Juriša

Materijal autorskih prava ©2024

Sva prava pridržana

Nijedan dio ove knjige ne smije se koristiti ili prenositi u bilo kojem obliku ili na bilo koji način bez odgovarajućeg pisanog pristanka izdavača i vlasnika autorskih prava, osim kratkih citata korištenih u recenziji. Ovu knjigu ne treba smatrati zamjenom za medicinske, pravne ili druge stručne savjete.

SADRŽAJ

SADRŽAJ 3
UVOD 6
OSNOVNI RECEPTI 7
   1. Sok od višnje 8
   2. Sirup od višanja 10
   3. Liker od višanja 12
   4. Nadjev za pitu od višanja 14
   5. Konzerve od trešanja 16
   6. Trešnja u prahu 18
   7. Džem od višanja 21
   8. Umak od trešanja 24
   9. Trešnjevo mlijeko 26
   10. Vinaigrette od trešanja 28
   11. Maslac od višanja 30
   12. Poširane trešnje 32
   13. Pečene trešnje 34
DORUČAK I RUNK 36
   14. Kruh s višnjama i bananama 37
   15. Trešnja i pistacije Zobena kaša 40
   16. Engleski muffin punjen trešnjama 42
   17. Amaretto kolačići od trešanja 44
   18. Lavanda Trešnja Zob preko noći 46
   19. Kroasan od pereca punjen trešnjama 48
   20. Topla čokolada od trešnje 50
   21. Francuski tost s trešnjama 52
   22. Palačinke od trešnje i badema 55
   23. Brandy Cherry Waffles 57
   24. Rođendanski kruh s trešnjama i orahom 59
   25. Uštipak s džemom od višanja s 62
   26. Biskoti od višanja 65
   27. Toblerone palačinke s brendiranim višnjama 67
   28. Palačinke od višanja 69
   29. Kava od trešnje 71
   30. Čokoladna peciva od višnje s 73
GRICOLE 76
   31. Čokoladni tartufi punjeni trešnjama 77
   32. Pločice od trešnje 79
   33. Cherry Malt Bliss kolačići 81
   34. Torte s trešnjama 84
   35. Višnja kvinoja bar 86
   36. Grozdovi trešnje od tamne čokolade 88

37. Rum kuglice od višnje 90
38. Trešnje prelivene tamnom čokoladom 92
39. Preokret trešnje 94
40. Rum popečci od višanja 96
41. Kokice od trešnje 98
42. Cherry Trail Mix 100
43. Puffs od višnje 102
44. Zalogaji kolačića od trešnje 105
45. Poslastice od vinske riže i višnje 107
46. Energetske kuglice trešnje 109
47. Kolačići od višanja 111
48. poslastice od vinske riže i višnje 114

DESERT 116

49. Kolač od sira od trešanja s crvenom glazurom 117
50. Hrskava pita od višanja i lješnjaka 121
51. trešanja, rabarbare i dinje 123
52. Amaretto sladoled od trešnje i borovnice 125
53. Chry milk mrvice 127
54. Parfe od višanja 129
55. Krema od višanja Dacquoise 131
56. Cappuccino borovnica Crisp 134
57. Trešnja Bavarois 136
58. Torta od trešanja naopako 138
59. Pot de crème od trešnje i badema 140
60. Cherry Brownie pita 142
61. Cherry Cobbler 144
62. Torta od kreme 146
63. Limun višnja orašasti mousse 148
64. Mousse od višanja 150
65. Dupli Semifreddo od trešnje 152
66. Tart Cherry Swirl sladoled od kokosa 155
67. Staromodni sladoled 158
68. Višnja i badem Pavlova 160
69. Flan od svježih višanja 162
70. Rolani sladoled od trešnje 164
71. Sladoled od sira od trešnje 166
72. Bundt torta od višanja 168
73. Vrata od trešnje 170
74. Sufle od trešanja 172
75. Tiramisu od višanja 174
76. Chia puding s voćem i trešnjama 177
77. Cannoli od višnje 179
78. Kolač od višanja 182
79. višanja s kolačićima 184

80. Cherry Bircher 187
81. Trešnja Zuccotto 189
82. Trešnja Boule-de-Neige 191

PIĆA 194
83. Trešnja-vanilija Bourbon 195
84. Limunada od višanja 197
85. Tutti-frutti od višnje 199
86. Punč od ananasa i trešnje 202
87. Bourbon i koktel od trešnje 204
88. Trešnja Krastavac Osvježenje 206
89. Višnja limeta 208
90. Trešnja-menta voda 210
91. Mocktail od trešnje i peršina 212
92. Ledena moka od trešnje 214
93. Bing C liker od herryja 216
94. Trešnja-vanilija Bourbon 218
95. Rakija od višnje 220
96. Konjak s višnjama 222
97. Trešnja Kombucha 224
98. Martini od trešnje 226
99. Cherry Boba milkshake 228
100. Smoothie od trešnje i vanilije 230

ZAKLJUČAK 232

UVOD

Dobrodošli u "VRHUNSKA KUHARICA S TREŠNJAMA", vaš vodič z istraživanje divnih slatkih i trpkih okusa trešanja kroz 100 slatki recepata. Trešnje, sa svojom živopisnom bojom i neodoljivim okusom omiljeno su voće u kojem uživaju ljudi diljem svijeta. U ovoj kuharic slavimo svestranost i ukusnost trešanja, prikazujući njihov jedinstven profil okusa u širokom izboru kulinarskih kreacija.

U ovoj kuharici krenut ćete u kulinarsku avanturu kroz svijet trešanja otkrivajući mnoštvo recepata koji ističu njihove slatke i trpke okuse Od klasičnih pita od trešanja i voćnih džemova do slanih jela popu piletine s višnjama i živopisnih salata, svaki je recept osmišljen kako b pokazao ukusnu svestranost ovog omiljenog voća. Bilo da ste ljubitel slatkih deserata ili slanih glavnih jela, u ovoj kolekciji svatko može uživati u nečemu.

Ono što izdvaja "VRHUNSKA KUHARICA S TREŠNJAMA" je naglasak na kreativnosti i inovativnosti. Dok se trešnje često povezuju s klasičnim desertima poput pite i kolača, ova kuharica istražuje njihov potencija u širokom rasponu jela, od poslastica za doručak do slanih predjela šire. Uz upute koje je lako slijediti i korisne savjete, bit ćete nadahnut da eksperimentirate s trešnjama na nove i uzbudljive načine, dodajuć dašak okusa svakom obroku.

U ovoj kuharici pronaći ćete praktične savjete o odabiru, čuvanju pripremi trešanja, kao i zadivljujuće fotografije koje će vas nadahnut za vaše kulinarske kreacije. Bilo da pečete za posebnu prigodu organizirate večeru ili jednostavno želite uživati u ukusnoj poslastici oc trešanja, "VRHUNSKA KUHARICA S TREŠNJAMA" ima sve što vam je potrebno kako biste maksimalno iskoristili ovo divno voće.

OSNOVNI RECEPTI

1.Sok od višnje

SASTOJCI:
- 3 šalice trešanja; zrelo i svježe ili smrznuto
- ½ šalice vode

UPUTE:
a) Započnite s pranjem trešanja i uklanjanjem koštica.
b) Jednostavno provucite otkoštene trešnje kroz otvor sokovnika i pustite da stroj obavi posao.
c) Obradite pulpu još jednom ili dva puta kako biste izvukli što više soka iz voća.

2.Sirup od višanja

SASTOJCI:
- ½ šalice svježih trešanja
- ½ šalice šećera
- ½ šalice vode

UPUTE:
a) Zagrijte šećer u vodi u malom loncu na laganoj vatri.
b) Dodajte višnje u sirup i ostavite ih da odstoje preko noći u hermetički zatvorenoj posudi.
c) Procijedite i bacite višnje.

3. Liker od višanja

SASTOJCI:
- 4 šalice votke
- 4 šalice smrznutih tamnih trešanja bez koštica, odmrznutih
- 2 šalice granuliranog šećera

UPUTE:
a) Ravnomjerno podijelite veliku bocu votke u dvije staklenke za konzerviranje veličine litre, puneći svaku staklenku s nešto više od 2 šalice votke.
b) U svaku staklenku dodajte dvije šalice višanja.
c) U svaku staklenku stavite 1 šalicu granuliranog šećera.
d) Čvrsto zavrnite poklopce i dobro protresite staklenke da se sastojci temeljito izmiješaju.
e) Staklenke stavite u tamni ormar ili na drugo tamno mjesto najmanje 1 mjesec. U tom periodu staklenke protresite barem dva puta tjedno, ili kad god vam padne na pamet. Za to vrijeme šećer će se potpuno otopiti. Votka će imati okus nakon 1 mjeseca, ali za dublji okus i boju možete ju pustiti da odstoji duže.
f) Nakon što je liker završio s namakanjem, procijedite jednu od staklenki likera u veliku staklenu mjeru s izljevom. Zatim pretočite liker u dvije sterilizirane boce od 8½ unci s poklopcima koji čvrsto prianjaju. Ponovite ovaj postupak s drugom staklenkom.
g) Stavite sve trešnje u jednu od litarskih staklenki i prelijte ih rumom, burbonom ili brendijem kako biste dobili koktel višnje. Također ih možete podijeliti u manje staklenke za slatke darove, posebno prikladne za ljubitelje starinskih koktela.
h) Čuvajte boce likera i višanja na hladnom i suhom mjestu, poput ormara ili smočnice.

4.Nadjev za pitu od višanja

SASTOJCI:
- 4 šalice (616 g) trešanja bez koštica, odmrznutih ako su smrznute
- 1 šalica (198 g) granuliranog šećera
- 2 žlice soka od limuna
- ¼ šalice (28 g) kukuruznog škroba
- Mali prstohvat soli
- Po želji: ⅛ žličice cimeta

UPUTE:

a) U srednje jakoj tavi na srednje jakoj vatri pomiješajte višnje, granulirani šećer, limunov sok, kukuruzni škrob, mali prstohvat soli i po želji cimet. Dobro promiješajte.

b) Ako vam trešnje nisu baš sočne, razmislite o dodavanju vode u smjesu. Količina potrebne vode može varirati od nekoliko žlica do ½ šalice, ovisno o sadržaju vlage u voću. To pomaže u postizanju željene konzistencije.

c) Zakuhajte smjesu. Kad počne ključati, smanjite vatru na srednje nisku.

d) Pirjajte 8-10 minuta ili dok se smjesa ne zgusne. Ako primijetite da se smjesa lijepi za tavu, smanjite vatru i dodajte malo vode da spriječite lijepljenje.

e) Maknite lonac s vatre i ostavite da se nadjev za pitu od višanja malo ohladi.

5. Konzerve od trešanja

SASTOJCI:
- 1 funta trešanja bez koštica (svježih ili smrznutih)
- 1½ šalice granuliranog šećera
- 1 žlica svježe iscijeđenog soka od limuna
- ½ žličice limunove korice
- 1 žlica maslaca

UPUTE:
a) Počnite s pranjem i pripremom višanja. Ako koristite smrznute višnje, nije ih potrebno prethodno odmrzavati.
b) U srednje velikoj tavi pomiješajte višnje, granulirani šećer, svježe iscijeđeni limunov sok i limunovu koricu.
c) Miješajte sastojke na srednje laganoj vatri dok se šećer potpuno ne otopi, što bi trebalo trajati oko 5 minuta.
d) Pojačajte vatru i zakuhajte smjesu. Ostavite da kuha 3 minute, zatim maknite s vatre i umiješajte žlicu maslaca.
e) Vratite lonac na vatru i ponovno zakuhajte. Zatim smanjite vatru na srednju. Često miješajte i pasirajte višnje i kuhajte dok se pekmez ne zgusne. Također možete provjeriti temperaturu, i ona bi trebala doseći 220°F/104°C. To obično traje otprilike 10 do 15 minuta.
f) Pustite da se džem malo ohladi i pažljivo ga prebacite u čistu, temperiranu staklenku.
g) Nakon što se džem potpuno ohladi, staklenku poklopite i čuvajte u hladnjaku.

6.Trešnja u prahu

SASTOJCI:

- Svježe ili smrznute trešnje

UPUTE:

a) Započnite pranjem i temeljitim sušenjem trešanja. Uklonite sve peteljke i koštice ako je potrebno.
b) Ako imate smrznute trešnje, provjerite jesu li potpuno odmrznute i osušite ih tapkanjem.
c) Pripremljene trešnje stavite u jednom sloju na posude dehidratora, pazeći da se ne dodiruju.
d) Postavite dehidrator na temperaturu od oko 135°F (57°C) za trešnje.
e) Dehidrirajte trešnje otprilike 8-12 sati ili dok se potpuno ne osuše i lome. Vrijeme može varirati ovisno o vašem dehidratoru i sadržaju vlage u trešnjama.
f) Zagrijte pećnicu na najnižu moguću temperaturu (obično oko 170°F ili 75°C).
g) Pripremljene višnje poslažite u pleh obložen papirom za pečenje u jednom sloju.
h) Lagano otvorite vrata pećnice drvenom žlicom ili posuđem prikladnim za pećnicu kako bi vlaga izašla.
i) Pecite trešnje 6-10 sati uz redovitu provjeru. Gotovi su kada su potpuno suhi i krhki.
j) Ostavite suhe višnje da se ohlade na sobnoj temperaturi.
k) Prebacite suhe trešnje u mlinac za začine, blender ili procesor hrane. Također možete koristiti mužar i tučak ako više volite grublju teksturu.
l) Pusirajte ili sameljite suhe trešnje dok ne dobijete fini prah. Ovo može potrajati nekoliko minuta, ovisno o vašoj opremi.
m) Prebacite prah od trešanja u hermetički zatvorenu posudu, kao što je staklena posuda s poklopcem koji se čvrsto zatvara.
n) Čuvajte ga na hladnom i suhom mjestu, daleko od izravne sunčeve svjetlosti.

o) Prah trešnje može se koristiti kao prirodna aroma i bojilo u raznim receptima. Izvrstan je za dodavanje okusa trešnje smoothiejima, zobenim pahuljicama, pečenim proizvodima, umacima, pa čak domaćem sladoledu.
p) Količinu praha od višanja prilagodite ukusu, ovisno o receptu koji koristite.

7. Džem od višanja

SASTOJCI:
- 3 šalice svježih trešanja, očišćenih od koštica i nasjeckanih
- ½ šalice nezaslađenog soka od jabuke
- 2 žličice soka od limuna
- 2 pakiranja (2 unce) voćnog pektina u prahu
- 3 šalice bijelog šećera
- 4 staklenke za konzerviranje od pola litre s poklopcima prstenovima

UPUTE:

a) U velikom loncu na srednje jakoj vatri pomiješajte višnje, sok od jabuke, sok od limuna i voćni pektin u prahu. Zakuhajte smjesu i umiješajte bijeli šećer. Ostavite džem da kuha na laganoj vatri 2 minute uz stalno miješanje. Maknite s vatre i skinite eventualnu pjenu.

b) Sterilizirajte staklenke i poklopce za konzerviranje tako da ih stavite u kipuću vodu najmanje 5 minuta. Spakirajte vrući džem od višanja u sterilizirane staklenke, napunite ih do ¼ inča od vrha. Nakon što napunite staklenke, prijeđite nožem ili tankom lopaticom po unutrašnjosti da uklonite mjehuriće zraka.

c) Obrišite rubove staklenki vlažnim papirnatim ručnikom kako biste uklonili sve ostatke hrane. Svaku staklenku poklopite poklopcem i zavrnite prstenove.

d) Postavite rešetku na dno velikog lonca i napunite ga do pola vodom.

e) Zakuhajte vodu na jakoj vatri. Pažljivo spustite napunjene staklenke u lonac pomoću držača staklenki, pazeći da između njih ostane 2 inča razmaka.

f) Dodajte još kipuće vode ako je potrebno, održavajući razinu vode najmanje 1 inč iznad vrhova staklenki.

g) Pustite vodu da ponovno zavrije, pokrijte posudu i kuhajte 15 minuta ili prema preporuci vašeg okružnog agenta za proširenje.

h) Izvadite staklenke iz lonca i stavite ih na krpom prekrivenu ili drvenu površinu, razmaknute ih nekoliko centimetara.

i) Ostavite ih da se ohlade. Kada se ohladi, pritisnite vrh svakog poklopca prstom kako biste osigurali čvrsto brtvljenje (poklopac se ne smije pomicati gore ili dolje).

j) Čuvajte džem od višanja na hladnom i tamnom mjestu.

8.Umak od trešanja

SASTOJCI:
- 4 šalice trešanja (svježih ili smrznutih), bez koštica
- ¼ do ⅓ šalice vode
- 1 žlica kukuruznog škroba
- 1 žlica soka od limuna
- 2 žlice šećera

UPUTE:

a) U srednju posudu (isključenu s vatre) ulijte vodu. Koristite ⅓ šalice vode za svježe trešnje i ¼ šalice vode za smrznute trešnje. Umiješajte 1 žlicu kukuruznog škroba, 1 žlicu limunovog soka i 2 žlice šećera.

b) Stavite lonac na srednju vatru i neprestano miješajte dok se smjesa ne počne zgušnjavati.

c) Dodajte višnje i kuhajte uz povremeno miješanje dok umak lagano ne zavrije. To će trajati oko 6-10 minuta za svježe trešnje i 12-15 minuta za smrznute trešnje. Umak treba biti zgusnut i ravnomjerno mjehurić, a ne samo na rubovima. Kada je postignuto, maknite ga s vatre.

d) Pustite da se umak ohladi na sobnu temperaturu, a zatim ga pokrijte i čuvajte u hladnjaku u staklenoj tegli ili Tupperware posudi dok ga ne budete spremni koristiti. Dok odstoji dodatno će se zgusnuti.

9. Trešnjevo mlijeko

SASTOJCI:
- 6 unci bademovog mlijeka
- 4 unce kiselog soka od višnje
- 1 žlica meda ili javorovog sirupa

UPUTE:
a) Zagrijte bademovo mlijeko i kiseli sok od višanja na srednje jakoj vatri u malom loncu.
b) Maknite s vatre i umiješajte med.
c) Piti toplo.

10. Vinaigrette od trešanja

SASTOJCI:
- 1 šalica višanja očišćenih od koštica i prepolovljenih
- 2 žlice crvenog vinskog octa
- 1 žlica octa od malina (ili glazura od balzama)
- 3 žlice ekstra djevičanskog maslinovog ulja

UPUTE:
a) Započnite pranjem, uklanjanjem koštica i prepolovljavanjem trešanja.
b) Stavite sve sastojke za preljev u mali procesor za hranu ili kompaktni blender velike brzine. Miksajte dok smjesa ne postane glatka.
c) Kušajte preljev i prilagodite začine prema svojim osobnim željama.
d) Ako vam se preljev čini pregust, možete dodati 1-2 žlice vode kako biste postigli željenu gustoću.
e) Vinaigrette od trešanja čuvajte u hermetički zatvorenoj posudi u hladnjaku. Može se čuvati 3-4 dana.

11. Maslac od višanja

SASTOJCI:
- 5 kilograma višanja bez koštica
- 1-2 šalice granuliranog šećera

UPUTE:
a) Započnite uklanjanjem koštica od trešanja, bilo korištenjem ručnog kuhača ili gore opisanom metodom kuhanja.
b) Nakon što ste višnjama izvadili koštice, pasirajte ih dok ne postanu glatki.
c) Prebacite pire u sporo kuhalo i kuhajte na laganoj vatri 8 do 16 sati, ili dok se pire od višanja ne smanji za pola i postane prilično gust.
d) Uranjajućim blenderom ponovno zgnječite smjesu dok ne postane vrlo glatka. Dodajte šećer po svom ukusu i miješajte dok se potpuno ne rasporedi i otopi.
e) Gotov maslac od višanja rasporedite u staklenke od pola litre, pazeći da na vrhu ostane ½ inča slobodnog prostora.
f) Očistite rubove staklenki, postavite poklopce i prstenove i stavite staklenke u kipuću vodenu kupelj 15 minuta.
g) Nakon vremena obrade, pažljivo izvadite staklenke i stavite ih na presavijenu kuhinjsku krpu da se ohlade. Nakon što se staklenke dovoljno ohlade da možete udobno rukovati njima, provjerite brtve.
h) Zatvorene staklenke mogu se čuvati na sobnoj temperaturi do godinu dana. Sve nezatvorene staklenke treba ostaviti u hladnjaku i odmah upotrijebiti.

12. Poširane trešnje

SASTOJCI:
- 24 trešnje bez koštice
- 250 ml crnog vina
- 2 žlice smeđeg šećera
- 1 štapić cimeta
- 1 žličica crnog papra u zrnu
- Sjemenke iz 1 mahune vanilije

UPUTE:
a) Započnite laganim zagrijavanjem crnog vina i smeđeg šećera u loncu, miješajući dok se šećer potpuno ne otopi.
b) Stavite štapić cimeta i zrna crnog papra u gazu, dobro zavežite i dodajte u lonac s vinom.
c) Stavite trešnje i sjemenke vanilije u tavu, dobro izmiješajte, i pustite da zavrije.
d) Nastavite kuhati nekoliko minuta dok višnje ne omekšaju.
e) Zatim pažljivo izvadite višnje iz posude pomoću šupljikave žlice i prebacite ih u zdjelu.
f) Nastavite kuhati mješavinu vina dok ne postane sirupasta.
g) Ponovno stavite višnje u tavu, skinite je s vatre i dobro promiješajte da se voće sjedini sa sirupom.

13. Pečene trešnje

SASTOJCI:
- 4 šalice trešanja bez koštica
- 1 žlica maslinovog ulja
- ¼ žličice fine morske soli
- ¼ žličice crnog papra
- 3 žlice svježeg peršina, nasjeckanog

UPUTE:
a) Zagrijte pećnicu na 450 stupnjeva i obložite lim papirom za pečenje.
b) Košticom za trešnje izvadite koštice iz trešanja.
c) U zdjelu pomiješajte višnje s maslinovim uljem, morskom soli i crnim paprom dok se dobro ne prekriju. Pripremljene višnje rasporedite po obloženom plehu.
d) Trešnje pecite u zagrijanoj pećnici 15 minuta.
e) Kad su gotove, izvadite trešnje iz pećnice i pospite ih nasjeckanim svježim peršinom. Nježno bacite trešnje kada se dovoljno ohlade da se njima može rukovati.
f) U pečenim višnjama možete uživati tople kao prilog ili ih čuvati u hladnjaku do pet dana za salate ili kao ukusan međuobrok.

DORUČAK I RUNK

14. Kruh s višnjama i bananama

SASTOJCI:
ZA BANANA KRUH:
- 3 zrele banane, zgnječene
- ½ šalice neslanog maslaca, otopljenog
- 1 šalica granuliranog šećera
- 2 velika jaja
- 1 žličica ekstrakta vanilije
- 1 ½ šalice višenamjenskog brašna
- ¼ šalice kakaa u prahu
- 1 žličica sode bikarbone
- ½ žličice soli
- ½ šalice poluslatkih komadića čokolade

ZA PRELJEV:
- 1 šalica svježih trešanja, očišćenih od koštica i prepolovljenih
- ¼ šalice granuliranog šećera
- ¼ šalice vode
- 1 žlica kukuruznog škroba
- Šlag (za posluživanje, po želji)

UPUTE:
a) Zagrijte pećnicu na 350°F (175°C). Namastite i pobrašnite kalup za kruh veličine 9x5 inča.
b) U zdjeli za miješanje zgnječite zrele banane vilicom dok ne postanu glatke.
c) U posebnoj velikoj zdjeli pjenjačom izmiješajte otopljeni maslac i granulirani šećer dok se dobro ne sjedine.
d) Dodajte jaja i ekstrakt vanilije u smjesu maslac-šećer i miješajte dok ne postane glatka.
e) U drugoj zdjeli prosijte višenamjensko brašno, kakao prah, sodu bikarbonu i sol.
f) Postupno dodajte suhe sastojke mokrim sastojcima, miješajući dok se ne sjedine. Nemojte previše miješati.
g) Lagano umiješajte komadiće poluslatke čokolade.
h) Ulijte tijesto za kruh od banane u pripremljeni kalup za kruh.
i) Pecite u prethodno zagrijanoj pećnici 60-70 minuta ili dok čačkalica zabodena u sredinu ne izađe čista.

j) Dok se banana bread peče pripremite preljev. U loncu pomiješajte očišćene i prepolovljene višnje, kristalni šećer i vodu. Pustite da lagano kuha na srednjoj vatri.
k) U maloj posudi pomiješajte kukuruzni škrob sa žlicom vode da dobijete kašu. Dodajte ovu kašu u smjesu od trešanja koja ključa i miješajte dok se umak ne zgusne. Maknite s vatre i ostavite da se ohladi.
l) Nakon što je kruh od banane gotov, izvadite ga iz pećnice i ostavite da se ohladi u tavi oko 10 minuta prije nego što ga prebacite na rešetku da se potpuno ohladi.
m) Nakon što se banana kruh ohladi, žlicom prelijte preljev od višanja preko kruha.
n) Po želji poslužite kriške banana kruha s malo tučenog vrhnja.

15. Trešnja i pistacije Zobena kaša

SASTOJCI:
- 2 šalice starinske zobi
- 2 ¼ šalice vode
- 2 ¼ šalice mlijeka
- ½ žličice soli
- ¼ žličice muškatnog oraščića
- 1 žlica meda
- 1 žlica suhih brusnica
- 1 žlica suhih višanja
- 1 žlica pečenih pistacija

UPUTE:
a) Dodajte sve sastojke u instant lonac, osim brusnica, višanja i pistacija.
b) Učvrstite poklopac štednjaka i pritisnite funkcijsku tipku "Ručno".
c) Namjestite vrijeme na 6 minuta i kuhajte na visokom tlaku.
d) Nakon zvučnog signala, prirodno otpustite pritisak i uklonite poklopac.
e) Pripremljene zobene pahuljice promiješajte i poslužite u zdjelici.
f) Ukrasite brusnicama, trešnjama i pistaćima na vrhu.

16. Engleski muffin punjen trešnjama

SASTOJCI:
- 2 velika jaja
- ½ šalice nezaslađenog mlijeka od vanilije i badema
- 2 žlice javorovog sirupa
- ¼ žličice ekstrakta vanilije
- 1 žličica mljevenog cimeta
- Sok od ½ limuna
- 2 engleska muffina od punog zrna pšenice, izrezana na kockice od 1 inča
- ¼ šalice makadamija oraha
- ½ šalice svježih trešanja bez koštica
- Javorov sirup (po želji)

UPUTE:
a) Zagrijte pećnicu na 375 stupnjeva F (190 stupnjeva C).
b) Namastite dva ramekina neljepljivim sprejom za kuhanje i ostavite ih sa strane.
c) U zdjeli umutite jaja, bademovo mlijeko, javorov sirup, ekstrakt vanilije, mljeveni cimet i limunov sok.
d) U drugu zdjelu pomiješajte kockice engleskih muffina, makadamija orahe i svježe trešnje. Ovu smjesu ravnomjerno podijelite na dva pripremljena ramekina.
e) Smjesu jaja prelijte preko smjese engleskih muffina i višanja u kalupe.
f) Stavite ramekine u prethodno zagrijanu pećnicu i pecite otprilike 22 do 25 minuta ili dok rubovi ne počnu hrskati i dok se čašice za francuski tost ne stvrdnu.

17. Amaretto kolačići od trešanja

SASTOJCI:
- 2 šalice višenamjenskog brašna
- ½ šalice šećera
- 2 žličice praška za pecivo
- ½ žličice soli
- ½ šalice neslanog maslaca, ohlađenog i narezanog na kockice
- ½ šalice suhih trešanja, nasjeckanih
- ¼ šalice narezanih badema
- ¼ šalice amaretta
- ½ šalice gustog vrhnja
- 1 jaje, tučeno

UPUTE:
a) Zagrijte pećnicu na 375°F.
b) U velikoj zdjeli pomiješajte brašno, šećer, prašak za pecivo i sol.
c) Rezačem za tijesto ili prstima izrežite maslac na suhe sastojke dok smjesa ne bude nalik na grube mrvice.
d) Umiješajte sušene višnje i narezane bademe.
e) U posebnoj posudi umutite amaretto, vrhnje i jaje.
f) Prelijte mokre sastojke preko suhih sastojaka i miješajte dok se smjesa ne sjedini.
g) Okrenite tijesto na pobrašnjenu površinu i nježno ga mijesite dok ne dobijete čvrstu kuglu.
h) Utapkajte tijesto u krug debljine oko 1 inča.
i) Izrežite krug na 8 klinova.
j) Stavite klinove na pleh obložen papirom za pečenje.
k) Premažite vrhove pogačica s malo dodatne kreme.
l) Pecite 20-25 minuta, dok ne porumeni i bude pečeno.
m) Poslužite toplo uz prelijevanje amaretto glazurom (napravljenom od šećera u prahu i amaretta).

18. Lavanda Trešnja Zob preko noći

SASTOJCI:
- 1 šalica indijskih oraščića
- 2 ½ šalice vode
- ½ žličice sušene kulinarske lavande
- 1 žlica šećera
- 1 žličica svježeg soka od limuna
- 1 žličica čistog ekstrakta vanilije
- 1 šalica valjane zobi
- 1 šalica svježih trešanja, očišćenih od koštica i prepolovljenih
- 2 žlice narezanih badema

UPUTE:
a) Indijske oraščiće i vodu stavite u snažni blender i pasirajte dok ne postane vrlo kremasto i glatko. Ovisno o snazi vašeg blendera, to može potrajati do 5 minuta.
b) Dodajte lavandu, šećer, limunov sok, ekstrakt vanilije i mali prstohvat soli. Promiješajte da se sjedini, a zatim procijedite pomoću mrežaste cjediljke ili vrećice s mlijekom od oraha.
c) Stavite mlijeko od indijskih oraščića i lavande u zdjelu i umiješajte zob. Pokrijte i stavite u hladnjak te ostavite da se namače 4-6 sati ili preko noći.
d) Za posluživanje, u dvije zdjelice ubacite zobene pahuljice i dodajte višnje i bademe. Uživati!

19.Kroasan od pereca punjen trešnjama

SASTOJCI:
- 2 svježa kroasana od pereca
- 6 žlica skute ili krem sira
- 3 žlice javorovog sirupa ili meda
- 1 žličica soka od limuna
- ½ žličice ekstrakta vanilije
- 1 šalica svježih jagoda
- ½ šalice svježih trešanja

UPUTE:
a) Jagode operite i odstranite zelene vrhove. Narežite ih na ploške. Višnje operite, prepolovite i očistite od koštica. Pomiješajte jagode i trešnje u zdjeli s 1 žlicom javorovog sirupa i limunovim sokom.
b) U posebnoj zdjeli pomiješajte skutu s 1 žlicom javorovog sirupa i ekstraktom vanilije. Za kremastiju smjesu po želji dodajte 1-2 žlice vode.
c) Kroasane s perecima vodoravno prepolovite. Na donju polovicu svakog kroasana rasporedite 3 žlice smjese kvarka od vanilije.
d) Smjesu s kvarkom napunite miješanim voćem, ravnomjerno ga rasporedite po polovicama kroasana.
e) Gornjim dijelom kroasana prekrijte voće i tako dobijete fino punjeni perec kroasan.
f) Ako želite, pokapajte još malo javorovog sirupa ili meda na gornju polovicu kroasana za dodatnu slatkoću.
g) Poslužite odmah i uživajte u ovom divnom kroasanu s perecima punjenim jagodama i trešnjama za divan doručak koji donosi okuse ljeta u vašu jutarnju rutinu.

20. Topla čokolada od trešnje

SASTOJCI:
VRUĆA ČOKOLADA:
- 1 šalica punomasnog mlijeka
- 2 žlice granuliranog šećera
- 1 ½ žlica nezaslađenog kakaa u prahu
- 1 žlica soka od višnje Amarena
- ½ žličice čistog ekstrakta vanilije
- 1/16 žličice morske soli
- 1 ½ unce 72% tamne čokolade nasjeckane

PRELJEVI:
- 4 žlice jakog vrhnja za šlag umutiti do mekanih vrhova
- 2 Amarena trešnje
- 2 žličice uvojaka od tamne čokolade

UPUTE:
a) Dodajte mlijeko, šećer, kakao prah, sok od višnje, vaniliju i sol u malu tavu na srednje jakoj vatri i miješajte da se sjedini.
b) Kad provrije, umiješajte nasjeckanu čokoladu.
c) Pustite da zavrije i kuhajte dok se malo ne zgusne, oko 1 minutu, neprestano miješajući.
d) Ulijte u 2 šalice i na vrh svake stavite polovinu šlaga, 1 trešnju i 1 žličicu čokoladnih uvojaka.
e) Poslužite odmah.

21.Francuski tost s trešnjama

SASTOJCI:
- 2 kriške challah kruha, debelo narezane
- 2 jaja
- 3 žlice pola-pola, ili mlijeka
- 6 žlica šećera
- 3 žlice Hershey's kakaa, nezaslađenog
- 1 žličica vanilije
- 1 žličica cimeta, mljevenog
- 1 prstohvat soli
- 3 žlice krem sira, ili šlag sira

PRELJEV ZA FRANCUSKI TOST
- 1 boca Hershey's posebnog sirupa od tamne čokolade
- 1 staklenka konzerve od višanja ili pekmeza od višanja
- 1 staklenka griottina (višnje u kirschu)
- 1 konzerva šlaga
- ¼ c komadića poluslatke čokolade

UPUTE:

a) Uzmite prilično veliku zdjelu za pripremu smjese za umakanje tost
b) Dodajte svoja jaja i umutite ih. Zatim dodajte pola i pola, vaniliju cimet, steviju i Hershey's kakao.
c) Sve ovo umutiti. Bit će potrebno malo mućenja da se čokolada sjedini, ali hoće nakon nekoliko minuta.
d) Zagrijte pećnicu na 350 ili upotrijebite toster.
e) U tavi zagrijte ulje ili maslac.
f) Sada uzmite jednu krišku kruha i umočite je u smjesu da se zasiti okrenite je i uzmite i drugu stranu. Ponovite za drugu krišku.
g) Otresite višak i stavite u tavu da se kuha. Pecite dok obje strane ne poprime lijepu i hrskavu boju.
h) Stavite jednu krišku tosta na tanjur i obilato dodajte malo krem sira i pospite komadićima čokolade.
i) Dodajte svoju drugu krišku tosta na vrh. Sada stavite svoje 2 kriške tosta u posudu za pečenje i u pećnicu/ili toster oko 5 minuta dok se čips ne otopi. Izvadite i tanjur.
j) Na tost s nekoliko žlica slatke tekućine dodajte malo višanja Dodajte vrhnje za šlag, dodajte 3 ili 4 Griottinea i žlicu ili tako nešto kirscha preko vrha i pokapajte svoj Hershey's čokoladni sirup po francuskom tostu.
k) Dodajte još malo komadića čokolade...sada ste spremni jesti najdekadentniji francuski tost koji ste ikada jeli. Uživajte u svakom zalogaju!

22.Palačinke od trešnje i badema

SASTOJCI:
- 1½ šalice bademovog brašna
- 1 žličica praška za pecivo
- 1 žličica sode bikarbone
- ¼ žličice soli
- 2 velika jaja, istučena
- 1 žlica javorovog sirupa
- 1 žličica ekstrakta vanilije
- ½ šalice konzerviranog punomasnog kokosovog mlijeka
- ½ šalice sitno narezanih trešanja
- ¼ šalice narezanih badema

UPUTE:
a) Dodajte brašno, prašak za pecivo, sodu bikarbonu i sol u zdjelu umutite da se dobro sjedini.
b) U posebnoj posudi umutite jaja, javorov sirup, vaniliju i kokosovo mlijeko.
c) Dodajte mokre sastojke suhim sastojcima i umutite da se dobro sjedine.
d) Sada umiješajte višnje i bademe i miješajte dok se sve dobro ne sjedini.
e) Ostavite tijesto da odstoji 5 do 10 minuta. To omogućuje da se sv sastojci sjedine i daje tijestu bolju konzistenciju.
f) Neprianjajuću tavu ili rešetku obilno poprskajte biljnim uljem i zagrijte na srednje jakoj vatri.
g) Kad se tava zagrije, dodajte tijesto pomoću mjerne posude od ¼ šalice i ulijte tijesto u tavu da napravite palačinku. Pomoću mjerne posude oblikujte palačinku.
h) Pecite dok se stranice ne stvrdnu i dok se u sredini ne stvore mjehurići (oko 2 do 3 minute), zatim okrenite palačinku.
i) Kad je palačinka s te strane pečena, maknite je s vatre i stavite je na tanjur.
j) Nastavite ove korake s ostatkom tijesta.

23. Brandy Cherry Waffles

SASTOJCI:
- 2 šalice višenamjenskog brašna
- 2 žlice granuliranog šećera
- 1 žlica praška za pecivo
- ½ žličice soli
- 2 velika jaja
- 1¾ šalice mlijeka
- ¼ šalice neslanog maslaca, otopljenog
- 2 žlice rakije
- ½ šalice nasjeckanih višanja (svježih ili smrznutih)

UPUTE:
a) U posudi za miješanje pomiješajte brašno, šećer, prašak za pecivo i sol.
b) U posebnoj zdjeli umutite jaja. Dodajte mlijeko, otopljeni maslac, rakiju i nasjeckane višnje. Umutite dok se dobro ne sjedini.
c) Ulijte mokre sastojke u suhe sastojke i miješajte dok se ne sjedine.
d) Zagrijte kalup za vafle i lagano ga namastite.
e) Tijesto izlijte na prethodno zagrijani pekač za vafle i kuhajte prema uputama proizvođača.
f) Poslužite vafle s rakijom i višnjom posipanim šećerom u prahu i malo tučenog vrhnja.

24. Rođendanski kruh s trešnjama i orahom

SASTOJCI:
- 2 šalice višenamjenskog brašna
- 1 žličica praška za pecivo
- ½ žličice sode bikarbone
- ¼ žličice soli
- ½ šalice neslanog maslaca, omekšalog
- 1 šalica granuliranog šećera
- 2 velika jaja
- 1 žličica ekstrakta vanilije
- ½ šalice mlaćenice
- 1 šalica svježih ili smrznutih višanja, bez koštica i prepolovljenih
- ½ šalice nasjeckanih oraha

OPCIONALNA GLAZURA:
- 1 šalica šećera u prahu
- 1-2 žlice mlijeka
- ½ žličice ekstrakta vanilije

UPUTE:

a) Zagrijte pećnicu na 180°C (350°F) i namastite kalup za kruh veličine 9x5 inča.

b) U srednjoj posudi pomiješajte brašno, prašak za pecivo, sodu bikarbonu i sol. Staviti na stranu.

c) U velikoj zdjeli za miješanje umutite omekšali maslac i granulirani šećer dok ne postane svijetlo i pjenasto.

d) Dodajte jaja, jedno po jedno, dobro tučeći nakon svakog dodavanja. Umiješajte ekstrakt vanilije.

e) Postupno dodajte suhe sastojke u smjesu maslaca, naizmjenično s mlaćenicom. Započnite i završite sa suhim sastojcima, miješajući dok se ne sjedine.

f) Nježno umiješajte višnje i nasjeckane orahe dok se ravnomjerno ne rasporede po tijestu.

g) Ulijte tijesto u pripremljeni kalup za kruh i zagladite vrh lopaticom.

h) Pecite u prethodno zagrijanoj pećnici oko 50-60 minuta, ili dok čačkalica zabodena u sredinu ne izađe čista.

i) Izvadite kruh iz pećnice i ostavite da se ohladi u kalupu oko 10 minuta. Zatim ga prebacite na rešetku da se potpuno ohladi.

OPCIONALNA GLAZURA:
j) U maloj posudi izmiješajte šećer u prahu, mlijeko i ekstrakt vanilije dok ne postane glatko i kremasto. Prilagodite gustoću dodavanjem još mlijeka ako je potrebno.
k) Nakon što se kruh ohladi, pokapajte ga glazurom po vrhu, pustite da kaplje niz stranice.

25. Uštipak s džemom od višanja s

SASTOJCI:
ZA TIJESTO ZA KRAFNE
- 250 g oštrog bijelog brašna za kruh
- 50 g šećera plus 100 g za posipanje
- 5 g suhog kvasca
- 2 jaja
- 60 g slanog maslaca, otopljenog
- 2 litre suncokretovog ulja

ZA NADJEV
- 200 g džema od višanja
- 100 ml vrhnja za šlag

ZA GLADURU
- 100 g šećera u prahu, prosijanog
- 2 žlice kakaa u prahu, prosijanog
- 50 g obične čokolade
- svježe trešnje (po želji)

UPUTE:
a) Stavite brašno, šećer, kvasac, jaja i 125 ml tople vode u mikser s kukom ili lopaticom za tijesto i miješajte 5 minuta dok tijesto ne postane vrlo mekano. Ako nemate mikser, možete koristiti veliku zdjelu i mijesiti ručno (to može potrajati i do 10 minuta).
b) Pustite tijesto da odstoji minutu-dvije u mikseru ili posudi dok otopite maslac, zatim ponovno uključite mikser i lagano u tankom mlazu dodajte otopljeni maslac. Dobro miješajte još 5 minuta dok tijesto ne postane sjano, glatko i elastično i dok se ne odvoji od stijenki posude. Opet, to se može učiniti ručno umiješanjem maslaca u tijesto.
c) Pokrijte zdjelu prozirnom folijom i ostavite na toplom mjestu da se diže 30 minuta dok se otprilike ne udvostruči. Kada se tijesto diglo, izvadite ga iz posude i stavite ga na lagano pobrašnjenu površinu i mijesite 2 minute. Tijesto vratite u zdjelu i prekrijte prozirnom folijom, pa ostavite u hladnjaku preko noći.
d) Sutradan izvaditi tijesto iz frižidera i isjeći ga na 10 jednakih komada, svaki malo premijesiti i oblikovati u krugove. Stavite na lagano pobrašnjen lim za pečenje, dobro razmaknute, zatim

ponovno prekrijte lagano nauljenom prozirnom folijom i ostavite na toplom mjestu da se diže 1-2 sata dok otprilike ne udvostruči veličinu.

e) Ulijte ulje u veliki lonac tako da bude otprilike do pola, a zatim zagrijte na 170°C pomoću termometra ili kada mali komad kruha postane blijedozlatan za 30 sekundi.

f) Stavite 100 g šećera u prahu u zdjelu pripremljenu za posipanje, zatim pažljivo stavite krafne u vruće ulje pomoću šupljikave žlice u skupinama od 2-3 i pržite 2 minute sa svake strane dok ne porumene. Izvadite šupljikavom žlicom i stavite izravno u posudu sa šećerom, promiješajte da se prekrije, a zatim rasporedite na rešetku za hlađenje.

g) Dok se krafne hlade, stavite pekmez od višanja u jednu vrećicu, a šlag u drugu i izrežite rupu od 1 cm na kraju svake vrećice.

h) Uzmite ohlađenu krafnu i oštrim nožem napravite mali rez s jedne strane, sve do sredine vaše krafne. Sada uzmite čajnu žličicu i umetnite je u rupu dok čašica žlice ne dosegne sredinu, zatim okrenite žličicu za 360 stupnjeva i izvucite središte tijesta; odbaciti.

i) Uzmite vrećicu s pekmezom i ulijte otprilike 1 žlicu džema u sredinu, zatim učinite isto s kremom, pazeći da krafne budu pune i pune punjenja. Vratite ih na rešetku za hlađenje.

j) Stavite sastojke za glazuru u malu zdjelu s 2-3 žlice vode i dobro promiješajte dok glazura ne postane gusta i sjajna i prekrije poleđinu čajne žličice. Pokapajte svaku krafnu s 1 žlicom glazure u čvrstom cik-cak uzorku.

k) Zatim gulilicom krumpira naribajte tanke strugotine obične čokolade sa strane pločice na tanjur. Čajnom žličicom pospite strugotine po krafnama.

l) Poslužite uz svježe višnje.

26. Biskoti od višanja

SASTOJCI:
- 2 šalice višenamjenskog brašna
- 1 šalica šećera
- ½ žličice praška za pecivo
- ½ žličice soli
- ¼ šalice maslaca; izrezati na male komadiće
- 1 šalica cijelih badema; grubo nasjeckati
- 1 šalica cijelih kandiranih trešanja
- 2 velika jaja; malo pretučen
- ½ žličice vanilije
- 1 žlica mlijeka (po želji)

UPUTE:
a) Zagrijte pećnicu na 350 stupnjeva. Namastiti veliki lim za pečenje.
b) Pomiješajte brašno, šećer, prašak za pecivo i sol u zdjeli. Narežite na maslacu mikserom za tijesto dok se ne stvore grube mrvice. Umiješajte bademe i višnje. Umiješajte jaja i vaniliju dok se dobro ne sjedine. Ako je smjesa suha, dodajte mlijeko.
c) Smjesu podijelite na pola.
d) Na lagano pobrašnjenoj površini, pobrašnjenim rukama, stisnite tijesto i oblikujte ga u dvije cjepanice od 10 inča. Poravnajte na širinu od 2-½ inča. Stavite cjepanice na pripremljeni lim za pečenje
e) Pecite u pećnici zagrijanoj na 350 stupnjeva 30 do 35 minuta. S dvije lopatice prebacite cjepanice na rešetku da se ohlade 20 minuta.
f) Nazubljenim nožem izrežite svaku cjepanicu dijagonalno na kriške debljine ¾ inča.
g) Vratiti u lim za pečenje. Pecite 15 minuta ili dok kolačići ne postanu hrskavi i čvrsti na dodir. Prebacite na rešetku da se ohladi.
h) Čuvati u hermetički zatvorenoj posudi do 2 tjedna.

27.Toblerone palačinke s brendiranim višnjama

SASTOJCI:
- 250 g Philadelphia krem sira za mazanje
- 100 g Toblerone mliječne čokolade, otopljene i ohlađene
- 1 paket smrznutih palačinki, odmrznutih
- 425 g konzerve višanja bez koštica u sirupu
- 3 žličice kukuruznog brašna
- 2 žlice rakije ili kirša
- po želji sladoled od vanilije

UPUTE:
a) Pomiješajte Philly i čokoladu dok ne postane glatka i pahuljasta Stavite palačinke na tanjur, pokrijte ih plastičnom folijom
b) Zagrijte u mikrovalnoj pećnici na jakoj temperaturi 30-60 sekund dok se palačinke ne zagriju. Presavijte svaku palačinku na pola svaku polovicu premažite čokoladnom kremom pa ponovno presavijte tako da palačinke budu na četvrtine
c) Pomiješajte malo sirupa od višanja s kukuruznim brašnom da napravite tijesto pa dodajte višnjama s rakijom. Kuhajte u loncu dok se sirup ne zgusne. Ostavite da se ohladi
d) Stavite 2 palačinke na svaki tanjur za posluživanje i pokapajte umakom od višanja. Po želji poslužite odmah sa sladoledom.

28. Palačinke od višanja

SASTOJCI:
- Čokoladne palačinke
- Kirsch ili sherry (po želji)
- 19 unci nadjeva za pitu od trešanja
- ¼ šalice granuliranog šećera
- ⅛ žličice muškatnog oraščića
- Šlag

UPUTE:
a) Pospite palačinke kirschom ili sherryjem.
b) Pomiješajte nadjev za pitu od višanja, šećer i muškatni oraščić.
c) Žlicom stavite oko 2 žlice blizu jedne strane palačinke. Svitak.
d) Dopustite 2 po porciji. Položite na tanjur s rubom prema dolje.
e) Odozgo premazati šlagom.

29. Kava od trešnje

SASTOJCI:
- 6 unci svježe skuhane kave
- 2 žlice čokoladnog sirupa
- 1 žlica Maraschino soka od višnje
- Šlag
- Obrijana čokolada
- Maraskino višnje

UPUTE:
- Pomiješajte kavu, čokoladni sirup i sok od višnje u šalici. Dobro promiješajte.
- Vrh sa šlagom, čokoladnim strugotinama i višnjom ili 2.

30. Čokoladna peciva od višnje s

SASTOJCI:
TIJESTO:
- 1 ½ žlice aktivnog suhog kvasca
- 1 ¾ šalice punomasnog kokosovog mlijeka toplo, ali ne vruće
- ¾ žličice soli
- 2 ½ žlice ulja plus još za podmazivanje posude
- ⅔ šalice šećera
- 4 ¼ šalice brašna plus još za radnu površinu

PUNJENJE:
- 2 žlice kokosovog ulja
- 2 ½ šalice svježih trešanja bez koštica i prerezanih na pola
- ½ šalice šećera
- 1 žličica ekstrakta vanilije
- prstohvat cimeta po želji
- ¼ žličice soli
- 1 šalica poluslatkih komadića čokolade bez mliječnih proizvoda

GLADIRANJE:
- 2 šalice šećera u prahu
- ⅓ šalice kokosovog vrhnja
- ¼ šalice kakaa u prahu
- 1 žličica ekstrakta vanilije
- prstohvat soli

UPUTE:
a) U zdjeli samostojećeg miksera (ili velikoj zdjeli) otopite kvasac u mlijeku i ostavite da odstoji oko 5 minuta dok ne postane mjehurić. Umiješajte šećer, ulje i sol dok se ne sjedine.
b) Dodajte šalicu po šalicu brašna dok se tijesto ne sjedini i ne počne odvajati od stijenki zdjele.
c) Pokrijte zdjelu vlažnom krpom ili plastičnom folijom i stavite na toplo mjesto da se diže dok se ne udvostruči.
d) U međuvremenu napravite nadjev. Pomiješajte višnje, maslac, sol i šećer u srednjoj tavi na srednje niskoj vatri.
e) Pustite da smjesa lagano zavrije, lagano miješajući, i kuhajte 10-12 minuta dok se umak ne počne dovoljno zgušnjavati da može premazati stražnju stranu žlice.

f) Maknite s vatre i dodajte vaniliju i cimet pa ostavite sa strane. Namastite staklenu posudu veličine 13x9 inča i žlicom stavite nekoliko žlica umaka od višanja u posudu(e).
g) Podijelite tijesto na pola i jednu polovicu razvaljajte na lagano pobrašnjenoj površini u pravokutnik, debljine otprilike ¼ inča. Po vrhu rasporedite ½ nadjeva od višanja u ravnomjernom sloju i pospite s ½ šalice komadića čokolade.
h) Počevši od kraćeg kraja, smotajte ga dok ne dobijete neku vrstu cjepanice.
i) Zatim oštrim nožem izrežite na 6 (ili 7 spirala ako koristite okruglu tepsiju) i stavite u pripremljenu tepsiju (spirala okrenuta prema gore). Ponovite s drugom polovicom tijesta dok ne dobijete 12 kiflica. Pokrijte posude i ostavite ih da se dižu dok se pećnica zagrijava.
j) Zagrijte pećnicu na 350 stupnjeva F (175 C). Pecite 30-40 minuta dok rubovi ne počnu rumeniti. Izvadite tepsije iz pećnice i ostavite ih da se ohlade oko 5 minuta prije posluživanja.
k) Za glazuru, umutite sastojke zajedno u srednjoj posudi dok ne postane gusta i glatka. Poslužite na toplim pecivima.

GRICOLE

31. Čokoladni tartufi punjeni trešnjama

SASTOJCI:
- 8 unci tamne čokolade, nasjeckane
- ½ šalice gustog vrhnja
- 12 višanja maraskina, ocijeđenih i osušenih tapkanjem
- Kakao prah za posipanje

UPUTE:
a) Zagrijte vrhnje dok ne zagrije, ali ne zavrije.
b) Prelijte nasjeckanu čokoladu i miješajte dok ne postane glatko.
c) U svaki tartuf stavite višnju maraskino.
d) Oblikujte kuglice, uvaljajte u kakao prah i ostavite u hladnjaku dok se ne stegne.

32. Pločice od trešnje

SASTOJCI:
- 3 limenke od 21 unce nadjeva za pitu od višanja, podijeljene
- 18-½ unci pakiranje. smjesa za čokoladnu tortu
- ¼ c. ulje
- 3 jaja, istučena
- ¼ c. rakija s okusom višnje ili sok od višnje
- 6 unci pakiranje. komadići poluslatke čokolade
- Po želji: tučeni preljev

UPUTE:

a) Ohladite 2 limenke nadjeva za pite dok se ne ohlade. Električnom miješalicom na maloj brzini izmiješajte preostalu limenku nadjeva za pite, suhu smjesu za kolače, ulje, jaja i brendi ili sok od višanja dok se dobro ne sjedine.

b) Umiješajte komadiće čokolade.

c) Ulijte tijesto u lagano podmazan kalup za pečenje 13"x 9". Pecite na 350 stupnjeva 25 do 30 minuta, dok čačkalica ne bude čista, ohladiti se. Prije posluživanja ravnomjerno rasporedite ohlađen nadjev po vrhu.

d) Narežite na štanglice i po želji poslužite sa tučenim preljevom. Poslužuje 10 do 12.

33.Cherry Malt Bliss kolačići

SASTOJCI:
KOLAČIĆI:
- 3 ½ šalice višenamjenskog brašna
- 1 ¼ šalice finog šećera u prahu
- 3 žličice praška za pecivo
- ½ žličice fine soli
- ½ šalice neslanog maslaca, omekšalog
- 2 velika jaja
- ¾ šalice punomasnog mlijeka
- ⅔ šalice soka od višanja iz konzerve
- ½ šalice biljnog ulja
- 2 žlice grčkog jogurta ili kiselog vrhnja
- 1 žličica ekstrakta vanilije ili paste od mahune vanilije
- 250 g višanja iz konzerve
- Čokoladni umak
- Maraskino višnje
- 2 kapi ružičastog prehrambenog gela
- 1 kap ljubičastog prehrambenog gela
- ½ žličice esencije rakije od višnje
- 4 žlice slada u prahu

GLAZURA:
- 1 serija pahuljaste glazure od kreme od maslaca od vanilije
- 2 kapi ljubičaste boje za hranu
- ½ žličice esencije rakije od višnje

UPUTE:
KOLAČIĆI:

a) Zagrijte pećnicu na 160°C (320°F) ili 180°C (356°F) za konvencionalnu pećnicu. Kalup za kolače obložite kalupima za kolače.

b) U zdjeli samostojećeg miksera opremljenog nastavkom s lopaticom pomiješajte suhe sastojke (brašno, šećer u prahu, prašak za pecivo i sol) i miješajte na niskoj brzini.

c) U posebnom velikom vrču umutite sok od višanja, mlijeko, jaja, jogurt, ulje i ekstrakt vanilije dok se dobro ne sjedine.

d) Postupno dodajte mokre sastojke suhim sastojcima u laganom i ravnomjernom mlazu dok miksate dok više ne budu vidljivi suhi sastojci. Ostružite zdjelu.
e) Dodajte esenciju cherry brandyja, ružičastu i ljubičastu prehrambenu boju i sladni prah u tijesto i miješajte još 20 sekundi.
f) Stavite 4 trešnje na dno svake podloge za kolače, zatim zagrabite tijesto u podloge, puneći ih otprilike ¾ dužine.
g) Pecite 20-25 minuta ili dok čačkalica zabodena u sredinu ne izađe čista. Ostavite kolačiće da se potpuno ohlade na rešetki za hlađenje prije glazure.

GLAZURA:
h) Pripremite seriju pahuljaste glazure od putera od vanilije.
i) Dodajte oboje prehrambene boje i esenciju rakije od višnje u glazuru i miješajte dok se dobro ne sjedini.

SKUPŠTINA:
j) Namjestite kraj vrećice s otvorenim zvjezdastim vrhom i zalijepite svaki kolačić u vrtlog.
k) Prelijte čokoladni umak preko glazure.
l) Zalijedite još jedan vrtlog na vrhu pomoću vrha za cijevi.
m) Nadjenite svaki cupcake višnjom maraskina.

34. Torte s trešnjama

SASTOJCI:
- 2 šalice višenamjenskog brašna
- ¼ šalice granuliranog šećera
- 1 žlica praška za pecivo
- ½ žličice soli
- ½ šalice hladnog neslanog maslaca, narezanog na kockice
- ½ šalice mlijeka
- 2 šalice svježih trešanja, bez koštica i prepolovljenih
- ¼ šalice granuliranog šećera (za višnje)
- Šlag ili sladoled od vanilije, za posluživanje

UPUTE:
a) Zagrijte pećnicu na 425°F (220°C).
b) U velikoj zdjeli pomiješajte brašno, šećer, prašak za pecivo i sol.
c) Dodajte hladan maslac u smjesu od brašna i režite ga rezačem za tijesto ili prstima dok smjesa ne postane nalik na grube mrvice.
d) Ulijte mlijeko i miješajte dok se tijesto ne sjedini.
e) Okrenite tijesto na lagano pobrašnjenu površinu i nježno ga premijesite nekoliko puta. Razvaljajte tijesto u oblik pravokutnika, debljine oko ¼ inča.
f) U zdjelu pomiješajte trešnje s ¼ šalice šećera dok se ne pokriju.
g) Višnje ravnomjerno rasporedite po tijestu. Čvrsto zarolajte tijesto, počevši od jednog od dugih rubova, kako biste stvorili oblik kotačića.
h) Razvaljano tijesto izrežite na pojedinačne kolače i stavite ih na lim obložen papirom za pečenje.
i) Pecite 12-15 minuta ili dok ne porumene i trešnje ne postanu mjehuraste.
j) Ostavite kolače da se malo ohlade prije posluživanja. Poslužite sa šlagom ili sladoledom od vanilije.

35. Višnja kvinoja bar

SASTOJCI:
- Neljepljivi sprej za kuhanje
- 2 žlice zobi za brzo kuhanje
- 2 žlice kuhane kvinoje
- 2 žlice sitno nasjeckanih pistacija
- 2 žlice zaslađenih suhih višanja
- 2 žlice biljnog ulja
- 2 žlice meda
- ¼ žličice košer soli

UPUTE:
a) Poprskajte unutrašnjost šalice od 12 unci sprejom za kuhanje.
b) Pomiješajte sve sastojke u zdjeli, a zatim ulijte u šalicu.
c) Poklopite i pecite u mikrovalnoj dok se zob ne skuha, oko 3 minute.
d) Vruću smjesu izlijte na papir za pečenje, oblikujući ga u pravokutnu ili usku tradicionalnu šipku.
e) Ohladite dok se ne ohladi i ne postane čvrsta, 30 minuta ili više.

36. Grozdovi trešnje od tamne čokolade

SASTOJCI:
- 1 šalica kremastog maslaca od orašastih plodova (npr. maslac od badema, maslac od indijskih oraščića)
- ¼ šalice meda ili javorovog sirupa
- ¼ šalice otopljenog kokosovog ulja
- 2 šalice valjane zobi
- ½ šalice suhih višanja
- ½ šalice komadića tamne čokolade

UPUTE:
a) U zdjeli za miješanje pomiješajte maslac od oraha, med (ili javorov sirup) i rastopljeno kokosovo ulje dok se dobro ne izmiješaju.
b) Umiješajte zobene zobene pahuljice, sušene višnje i komadiće tamne čokolade.
c) Žlicama stavljajte smjesu na obložen lim za pečenje ili u kalupe za male muffine.
d) Ostavite u hladnjaku najmanje 1 sat da se stegne.

37. Rum kuglice od višnje

SASTOJCI:
- 2 šalice mljevenih vanilin kolačića
- 1 šalica šećera u prahu
- 1 šalica nasjeckanih oraha
- 1 šalica suhih trešanja, nasjeckanih
- 2 žlice kakaa u prahu
- ¼ šalice ruma
- 2 žlice svijetlog kukuruznog sirupa
- Dodatni šećer u prahu za motanje

UPUTE:
a) U velikoj zdjeli za miješanje pomiješajte mljevene kekse od vanilije, šećer u prahu, nasjeckane orahe, sušene višnje i kakao prah.
b) U smjesu dodajte rum i svijetli kukuruzni sirup i dobro promiješajte dok se sve dobro ne sjedini.
c) Uzmite male dijelove smjese i rukama ih razvaljajte u kuglice od 1 inča.
d) Kuglice uvaljajte u šećer u prahu da budu ravnomjerno obložene.
e) Kuglice ruma stavite na pleh obložen papirom za pečenje.
f) Ostavite rum kuglice u hladnjaku najmanje 2 sata ili dok se ne stvrdnu.
g) Nakon što se ohlade i stvrdnu, prebacite kuglice ruma u hermetički zatvorenu posudu za skladištenje. U hladnjaku se mogu čuvati do 2 tjedna.

38. Trešnje prelivene tamnom čokoladom

SASTOJCI:
- 40 unci višanja maraskina s peteljkama, ocijeđenih
- 1 ¾ šalice začinjenog ruma više ili manje da pokrije višnje
- 1 ½ šalice tamne čokolade
- 1 žličica masti nije obavezna, možda neće biti potrebna
- ½ šalice šećera za pijesak

UPUTE:
a) Ocijedite višnje, a sok ostavite za drugu svrhu. Neće se koristiti u ovom receptu, ali je odličan za koktele i još mnogo toga.
b) Stavite trešnje u staklenku ili drugu posudu veličine litre. Potpuno preliti začinjenim rumom. Zatvorite i ostavite u hladnjaku najmanje 24 sata, do 72 sata. Što dulje trešnje stoje u rumu, to će imati jači okus.
c) Zatim ocijedite višnje natopljene rumom. Zadržite ovaj rum s višnjama. JAKO je dobar za koktele. Stavite trešnje na slojeve papirnatih ručnika 10 minuta. Ovaj korak osigurava da će čokoladni premaz prianjati za voće.
d) Tepsiju ili pleh obložite papirom za pečenje. Stavite ukrasni šećer u plitku posudu ili posudu.
e) Otopite tamnu čokoladu prema uputama na pakiranju. Koristite malu posudu koja je dovoljno duboka da u nju umočite višnje.
f) Ako je čokolada pregusta, umiješajte otprilike žličicu masti dok se ne otopi i čokolada postane glatka.
g) Dok je čokolada topla umočite jednu po jednu višnju. Prvo umočite u čokoladu pa u šećer.
h) Stavite umočene trešnje na pripremljeni pergament. Kad završite s umakanjem svih trešanja, stavite u hladnjak dok se ne stegne.

39. Preokret trešnje

SASTOJCI:
- Pakiranje od 17¼ unci odmrznutog smrznutog lisnatog tijesta
- Limenka od 21 unce nadjeva za pitu od višanja, ocijeđena
- 1 šalica šećera u prahu
- 2 žlice vode

UPUTE:
a) Odvojite listove lisnatog tijesta i svaki izrežite na 4 kvadrata.
b) Nadjev za pitu ravnomjerno rasporedite na kvadrate.
c) Rubove tijesta premažite vodom i preklopite dijagonalno na pola.
d) Rubove zatvorite i skupite vilicom. Nožem napravite mali prorez na vrhovima zavoja za ventilaciju.
e) Pecite na nepodmazanom limu za pečenje na 400 stupnjeva 15 do 18 minuta, dok ne nabubri i ne porumene. Neka se malo ohladi.
f) Pomiješajte šećer u prahu i vodu; kiši preko toplih obrtaja.

40.Rum popečci od višanja

SASTOJCI:
- ½ šalice višenamjenskog brašna
- 2 žlice slastičarskog šećera
- ¼ žličice soli
- 1 funta trešanja s peteljkama
- Šećer u prahu
- 2 jaja; odvojeni
- 2 žlice ruma
- ½ šalice pročišćenog maslaca
- ½ šalice biljnog ulja

UPUTE:
a) U srednjoj zdjeli pomiješajte brašno, žumanjke, 2 žlice slastičarskog šećera, rum i sol da dobijete glatku smjesu.
b) Pokrijte i ostavite stajati 1 do 2 sata.
c) Bjelanjke istucite u čvrsti snijeg i umiješajte u smjesu.
d) Zagrijte maslac i biljno ulje u velikoj tavi na 360 stupnjeva F., a zatim smanjite vatru.
e) Umočite višnje u tijesto i stavite ih na vruće ulje
f) Pržite ih 3 minute, ili dok ne porumene
g) Izvadite trešnje.
h) Umočite ih u slastičarski šećer i poslužite.

41. Kokice od trešnje

SASTOJCI:
- 2½ četvrtine kokica s okusom maslaca u spreju
- 1 paket želatine s okusom višnje

UPUTE:
a) Stavite kokice u vrlo veliku zdjelu i lagano poprskajte uljem s okusom maslaca.
b) Pospite želatinom. Stavite u pećnicu na 350 stupnjeva pet minuta.
c) Želatina će se malo otopiti i zalijepiti za kokice.

42. Cherry Trail Mix

SASTOJCI:
- 1 šalica komadića tamne čokolade
- 1 šalica suhih brusnica
- 1 šalica suhih višanja
- 1 šalica prženog slanog kikirikija
- 1 šalica cijelih slanih badema
- 1 šalica slanih pečenih indijskih oraščića cijelih, ne u komadima
- 1 šalica lješnjaka koji se nazivaju i lješnjaci

UPUTE:
a) U velikoj zdjeli za miješanje pomiješajte sve sastojke i miješajte dok se ne ujednače.
b) Trail mix čuvajte u hermetički zatvorenoj posudi do mjesec dana.

43.Puffs od višnje

SASTOJCI:
- ½ šalice mlijeka
- ½ šalice vode
- ½ šalice maslaca
- 1 šalica višenamjenskog brašna
- 5 jaja
- 5 šalica smrznutih, nezaslađenih, otopljenih crvenih trešanja bez koštica, odmrznutih
- Voda
- 1 šalica šećera
- ¼ šalice kukuruznog škroba
- ¼ šalice kirscha (likera od crnih višanja) ili soka od naranče
- 3 kapi crvene prehrambene boje
- 1 žlica vanilije
- 2 unce poluslatke čokolade, otopljene i ohlađene
- 1 šalica vrhnja za šlag, tučenog

UPUTE:

a) Za kremšnite, u srednje velikoj tavi, pomiješajte mlijeko, vodu maslac. Zakuhati. Dodajte višenamjensko brašno odjednom, snažno miješajući. Kuhajte i miješajte dok smjesa ne dobije kuglu koja se ne odvaja. Maknite lonac s vatre. Smjesu za kremu ohladite 5 minuta. Dodajte jaja, jedno po jedno, miješajući drvenom kuhačom nakon svakog dodavanja dok smjesa ne postane glatka.

b) Spuštajte tijesto stavljajući žlice na podmazan lim za pečenje za ukupno 12 savijača.

c) Pecite u pećnici zagrijanoj na 400 stupnjeva F oko 30 minuta ili dok ne porumene. Ohladite oblačiće na rešetki. Razdvojite lisnate komade i uklonite mekano tijesto iznutra.

d) U međuvremenu, za nadjev od višanja, stavite odmrznute višnje u sito preko mjerne posude od 2 šalice; ocijedite višnje, a sok od višanja ostavite. Dodajte dovoljno vode rezerviranom soku od višnje da napravite 2 šalice tekućine; trešnje ostaviti sa strane.

e) U velikom loncu pomiješajte šećer i kukuruzni škrob. Umiješajte smjesu soka od višnje, kirsch i crvenu prehrambenu boju. Kuhajte i miješajte na srednjoj vatri dok se ne zgusne i postane mjehurić. Kuhajte i miješajte još 2 minute. Maknite s vatre; umiješajte vaniliju i višnje. Pokrijte i ostavite u hladnjaku oko 2 sata ili dok se potpuno ne ohladi.

f) Za sastavljanje, žlicom ulijte nadjev od višanja unutar oblačića. Pufne prelijte otopljenom čokoladom. Poslužite sa šlagom.

44. Zalogaji kolačića od trešnje

SASTOJCI:
- ½ šalice neslanog maslaca
- 3 unce poluslatke čokolade, nasjeckane
- 1 šalica granuliranog šećera
- ¼ šalice kakaa u prahu
- 2 jaja
- 1 žličica ekstrakta vanilije
- ½ šalice višenamjenskog brašna
- ½ žličice soli
- ¾ šalice nadjeva za pitu od trešanja
- ⅓ šalice 35% vrhnja za šlag
- 2 žlice šećera u prahu

UPUTE:
a) Zagrijte pećnicu na 350°F (180°C).
b) Namastite kalup za muffine od 24 mini i pospite ga kakaom u prahu. Staviti na stranu.
c) Otopite maslac i čokoladu u zdjeli otpornoj na toplinu iznad vode koja jedva ključa, povremeno miješajući. Maknite s vatre. Umiješajte šećer i kakao prah. Malo prohladite.
d) Umiješajte jaja u čokoladnu smjesu, jedno po jedno, dok se dobro ne sjedine. Umiješajte vaniliju. U posebnoj zdjeli pomiješajte brašno i sol dok se ne sjedine. Umiješajte u čokoladnu smjesu.
e) Žlicom ravnomjerno rasporedite u pripremljenu posudu. Pecite 18 do 20 minuta ili dok se samo nekoliko vlažnih mrvica ne zalijepi za čačkalicu kada se umetne u sredinu kolačića.
f) Pustite da se potpuno ohladi u tavi. Izvadite iz posude. Kad ste spremni za posluživanje, umutite vrhnje i šećer u prahu električnim mješalicama dok ne postane čvrst vrh. Svaku ravnomjerno premažite šlagom i preostalim nadjevom za pitu od višanja. Poslužite odmah.

45. poslastice od vinske riže i višnje

SASTOJCI:
- 3 žlice maslaca
- 4 šalice mini marshmallowa
- ½ šalice Pennsylvania vina od trešnje
- 5 šalica napuhane riže
- ½ šalice nasjeckanih suhih višanja
- ¼ šalice poluslatkih komadića čokolade

UPUTE:
a) Lim za pečenje obložite papirom za pečenje. Poprskati jestivim uljem.
b) U srednjoj tavi na srednjoj vatri otopite maslac. Dodajte marshmallows i miješajte dok se ne otopi.
c) Maknite s vatre i dodajte vino i žitarice. Miješajte dok se ne sjedini i marshmallow se ne rasporedi.
d) Dodajte sušene višnje i komadiće čokolade i miješajte dok se potpuno ne sjedine. Izlijte u pripremljeni pleh, prekrijte papirom za pečenje i ohladite. Narežite i poslužite.

46. Energetske kuglice trešnje

SASTOJCI:
- 200 g datulja bez koštica
- 1 šalica mljevenih badema
- ¾ šalice osušenog kokosa
- ½ šalice valjane zobi
- 2 žlice kakaa u prahu
- 2 žlice kokosovog ulja
- 1 žlica javorovog sirupa
- 20 g cijelih liofiliziranih trešanja, izmrvljenih

UPUTE:
a) Zakuhajte pun kuhalo za vodu
b) Stavite datulje u srednje jaku zdjelu otpornu na toplinu i prelijte ih kipućom vodom. Ostavite oko 10 minuta, dok ne počne omekšati. Dobro ocijediti.
c) Pomiješajte mljevene bademe, sušeni kokos, zobene zobene pahuljice i kakao prah u blenderu s namočenim datuljama, kokosovim uljem i javorovim sirupom. Miješajte 2-3 minute dok smjesa ne postane glatka.
d) Čistim vlažnim rukama razvaljajte smjesu u kuglice veličine žlice i stavite na tanjur/pladanj. Stavite u hladnjak na oko 30 minuta da se stegne.
e) Čistim, suhim rukama izmrvite liofilizirane trešnje na tanjur. Energetske kuglice lagano uvaljajte u crumble od višanja.

47. Kolačići od višanja

SASTOJCI:
- 2 ¼ šalice višenamjenskog brašna
- ½ šalice nizozemskog procesa kakaa u prahu
- ½ žličice praška za pecivo
- ½ žličice sode bikarbone
- 1 žličica soli
- 1 šalica neslanog maslaca otopljenog i ohlađenog
- ¾ šalice svijetlog ili tamnog pakiranog smeđeg šećera
- ¾ šalice bijelog granuliranog šećera
- 1 žličica čistog ekstrakta vanilije
- 2 velika jaja na sobnoj temperaturi
- 1 šalica komadića bijele čokolade
- ½ šalice poluslatkih komadića čokolade
- 1 šalica svježih trešanja Oprane, očišćene od koštica i narezane na četvrtine

UPUTE:

a) Otopite maslac u mikrovalnoj pećnici i ostavite da se hladi 10-15 minuta dok ne bude sobne temperature. Pripremite trešnje i narežite ih na sitne četvrtine.

b) 1 šalica neslanog maslaca, 1 šalica svježih trešanja

c) Zagrijte pećnicu na 350°F. Dva lima za kolačiće obložite papirom za pečenje. Staviti na stranu.

d) U srednjoj zdjeli pomiješajte brašno, kakao prah, prašak za pecivo, sodu bikarbonu i sol. Staviti na stranu.

e) 2 ¼ šalice višenamjenskog brašna, ½ šalice nezaslađenog kakaa u prahu, ½ žličice praška za pecivo, ½ žličice sode bikarbone, 1 žličica soli

f) U veliku zdjelu dodajte otopljeni maslac, smeđi šećer, šećer, vaniliju i jaja. Koristite gumenu lopaticu za miješanje dok smjesa ne postane glatka.

g) 1 šalica neslanog maslaca, ¾ šalice smeđeg šećera, ¾ šalice bijelog granuliranog šećera, 1 žličica čistog ekstrakta vanilije, 2 velika jaja

h) Dodajte suhe sastojke i miješajte dok se ne sjedine. Bit će mekano tijesto. Dodajte komadiće bijele čokolade, komadiće čokolade i svježe trešnje.

i) 1 šalica komadića bijele čokolade, ½ šalice komadića poluslatke čokolade, 1 šalica svježih trešanja
j) Za grabite tijesto koristite veliku žlicu za kekse (lošicu za kekse od 3 unce). Stavite 6 kuglica tijesta za kekse na lim za kekse.
k) Pecite jedan po jedan list kolačića. Pecite 13-15 minuta. Dok je toplo, po vrhu stavite komadiće dodatne čokolade i komadiće bijele čokolade.
l) Ostavite kolačić na vrućoj posudi 10 minuta. Zatim prebacite na rešetku da se ohladi.

48. poslastice od vinske riže i višnje

SASTOJCI:
- 3 žlice maslaca
- 4 šalice mini marshmallowa
- ½ šalice Pennsylvania vina od trešnje
- 5 šalica napuhane riže
- ½ šalice nasjeckanih suhih višanja
- ¼ šalice poluslatkih komadića čokolade

UPUTE:
a) Lim za pečenje obložite papirom za pečenje. Poprskati jestivim uljem.
b) U srednjoj tavi na srednjoj vatri otopite maslac. Dodajte marshmallows i miješajte dok se ne otopi.
c) Maknite s vatre i dodajte vino i žitarice. Miješajte dok se ne sjedini i marshmallow se ne rasporedi.
d) Dodajte sušene višnje i komadiće čokolade i miješajte dok se potpuno ne sjedine. Izlijte u pripremljeni pleh, prekrijte papirom za pečenje i ohladite. Narežite i poslužite.

DESERT

49. Kolač od sira od trešanja s crvenom glazurom

SASTOJCI:
ZA CHEESECAKE:
- 150 g trešanja bez koštica plus jedna cijela višnja za ukras
- Sok od ½ limuna
- 150g šećera
- 300 g bijele čokolade izlomljene na komadiće
- 600 g Philadelphia krem sira, sobne temperature
- 300 ml duplog vrhnja, sobne temperature
- 1 žličica ekstrakta vanilije

ZA BAZU:
- 75 g neslanog maslaca, otopljenog, plus dodatak za podmazivanje
- 175g digestivnog keksa

ZA GLAZURU:
- 4 listića platinaste želatine (Dr. Oetker)
- 225 g šećera
- 175 ml duple kreme
- 100 g bijele čokolade, sitno nasjeckane
- 1 žličica crvene prehrambene boje gela

UPUTE:
PRIPREMA CHEESECAKEA:
a) Lagano namastite dno i stranice kalupa s oprugom od 20 cm. Otkopčati podlogu i preko nje staviti krug od papira za pečenje širine 30 cm.
b) Ponovno pričvrstite obloženu podlogu u lim, pazeći da višak papira visi ispod radi lakšeg posluživanja. Stranice obložite trakom papira za pečenje.
c) U sjeckalici pomiješajte višnje, sok od limuna i 75 g šećera.
d) Miješajte dok smjesa ne bude prilično glatka. Premjestite smjesu u srednju posudu za umake, zakuhajte, zatim smanjite vatru i kuhajte 4-5 minuta dok ne postane gusta i sirupasta. Ostavite da se potpuno ohladi.

IZRADA BAZE:
e) U čistoj zdjeli multipraktika zdrobite digestivne kekse dok ne nalikuju finim krušnim mrvicama. Prebacite u zdjelu za miješanje i umiješajte otopljeni maslac.
f) Smjesu utisnite u pripremljeni kalup kako biste stvorili čvrstu, ujednačenu podlogu. Stavite u hladnjak na najmanje 20 minuta.

PRIPREMA NADJEVA ZA CHEESECAKE:
g) Otopite bijelu čokoladu u toplotno otpornoj zdjeli iznad vode koja ključa. Ostavite sa strane da se ohladi na sobnu temperaturu dok je još uvijek sipka.
h) U velikoj zdjeli za miješanje tucite krem sir dok ne postane glatko. Dodajte vrhnje, ostatak šećera i ekstrakt vanilije. Tucite dok se malo ne zgusne. U ohlađenu bijelu čokoladu umiješajte.
i) Polovicu smjese od krem sira prelijte na ohlađenu podlogu. Žlicom nanesite pekmez od višanja pa ga ražnjićem umiješajte u nadjev. Preostalu smjesu krem sira prelijte preko džema, pazeći da vrh bude gladak. Lupnite po limu da uklonite mjehuriće zraka i ostavite u hladnjaku najmanje 4 sata dok se ne stegne.

IZRADA GLAZURE ZA OGLEDALO:
j) Listove želatine potopite u zdjelu hladne vode nekoliko minuta.
k) U loncu pomiješajte šećer i 120 ml svježe prokuhane vode. Zagrijte na laganoj vatri, miješajući dok se šećer ne otopi. Zakuhajte i kuhajte 2 minute. Umiješajte vrhnje i pirjajte još 2 minute. Maknite

s vatre, ocijedite višak vode iz namočenih listića želatine i dodajte ih u kremu, miješajući dok se ne otope.
l) Ostavite smjesu za kremu da se ohladi 4-5 minuta. Umiješajte bijelu čokoladu. Dodajte crveni gel prehrambene boje i miješajte dok se dobro ne sjedini.
m) Procijedite glazuru kroz sito u veliku zdjelu. Pustite da se ohladi 15-20 minuta dok ne postigne sobnu temperaturu, povremeno miješajući kako biste spriječili stvaranje kožice. Glazura treba imati konzistenciju poput duple kreme.

GLAZIRANJE CHEESECAKEA:
n) Cheesecake pažljivo izvadite iz kalupa, skinite papir za pečenje stavite ga na rešetku s pladnjem ispod. Vrućim paletom prijeći po površini da se zagladi, pa preliti s dvije trećine ohlađene glazure da potpuno prekrije. Stavite u hladnjak na 10 minuta da se stegne.
o) Ako je potrebno, zagrijte preostalu glazuru i ponovno je prosijte prije nanošenja drugog sloja na cheesecake. Na vrh stavite trešnje i ostavite u hladnjaku 5-10 minuta dok se ne stegne. Poslužite izravno s rešetke ili premjestite na tanjur pomoću noža za palete ili podizača kolača. Uživati!

50. Hrskava pita od višanja i lješnjaka

SASTOJCI:
- ½ pakiranja (10 unci) mješavine za kore za pitu
- ¼ šalice pakiranog svijetlosmeđeg šećera
- ¾ šalice prženih nasjeckanih lješnjaka
- 1 unca naribane poluslatke čokolade
- 4 žličice vode
- 1 žličica vanilije
- 8 unci crvenih trešanja maraskina
- 2 žličice kukuruznog škroba
- ¼ šalice vode
- 1 crtica soli
- 1 žlica kirscha (po želji)
- 1 litra sladoleda od vanilije

UPUTE:

a) Pomiješajte (½ pakiranja) smjesu za kore za pitu sa šećerom, orasima i čokoladom koristeći mikser za tijesto. Pomiješajte vodu s vanilijom.

b) Pospite preko smjese mrvica i miješajte dok se dobro ne sjedini. Okrenite u dobro podmazan tanjur za pitu od 9 inča; čvrsto pritisnite smjesu uz dno i sa strane.

c) Pecite u pećnici na 375°C 15 minuta. Ohladiti na rešetki.

d) Pokrijte i ostavite stajati nekoliko sati ili preko noći. Višnje ocijediti, sirup ostaviti. Trešnje krupno nasjeckajte.

e) Pomiješajte sirup s kukuruznim škrobom, ¼ šalice vode i soli u loncu; dodajte višnje. Kuhajte na laganoj vatri dok se ne razbistri. Maknite s vatre i temeljito ohladite.

f) Dodajte Kirsch i ohladite. Žlicom stavljajte sladoled u koru pite. Pitu prelijte glazurom od višanja i odmah poslužite.

51. trešanja, rabarbare i dinje

SASTOJCI:
- 400 grama rabarbare, narezane na komade
- 150 ml granuliranog šećera
- 150 ml bijelog vina
- 500 grama dinja raznih vrsta, formiranih u kuglice
- 200 g svježih višanja, prepolovljenih, bez koštica
- 120 g malina
- Listovi svježe metvice
- Štapići limuna (za posluživanje)

UPUTE:
a) U loncu pomiješajte komadiće rabarbare s granuliranim šećerom i bijelim vinom. Zagrijte smjesu na laganoj vatri, pustite da rabarbara lagano omekša i otopi se.
b) Maknite lonac s vatre i pustite da se smjesa rabarbare ohladi. Ohladite u hladnjaku.
c) Dok se smjesa od rabarbare hladi, pripremite dinju tako što ćete je oblikovati u kuglice ili narezati na komade veličine zalogaja.
d) Nakon što se smjesa od rabarbare ohladi, dodajte pripremljenu dinju, maline, višnje i sitno nasjeckane listiće mente u lonac.
e) Lagano sve promiješajte.
f) Salatu vratite u hladnjak i ostavite da se hladi par sati da se okusi prožmu.
g) Kada ste spremni za posluživanje, podijelite salatu u male zdjelice i svaku porciju ukrasite listićima svježe mente.
h) Poslužite salatu od rabarbare i dinje sa štapićima limuna sa strane za osvježavajući dodir.
i) Uživajte u ovoj divnoj i osvježavajućoj salati od rabarbare i dinje!

52. Amaretto sladoled od trešnje i borovnice

SASTOJCI:
- 2 žlice šećera
- 2 žlice amaretta
- 2 ½ šalice svježih Bing trešanja bez koštice
- ½ šalice svježih borovnica
- 2 žlice kukuruznog škroba
- 2 šalice pola-pola, podijeljene
- ⅔ šalice šećera
- 1 žlica amaretta
- ¼ žličica soli

UPUTE:
a) Pomiješajte šećer, amaretto, višnje i borovnice u srednjoj posudi. Pustite da odstoji 30-45 minuta, povremeno promiješajte. Dodajte voće sa sokovima u srednju posudu i kuhajte na srednjoj vatri, često miješajući, dok ne omekša, oko 15 minuta. Pustite da se voće malo ohladi, zatim dodajte u multipraktik i pasirajte dok ne bude gotovo glatko, ostavljajući malo teksture. Odvojite ⅓ šalice voćne mješavine da se umiješa u sladoled; vratite preostalu mješavinu voća u lonac.
b) Pomiješajte kukuruzni škrob i 3 žlice pola-pola u maloj posudi. Staviti na stranu. Dodajte preostalo pola-pola, šećer, Amaretto i sol u lonac s voćnom smjesom; pustite da zakipi na srednje jakoj vatri neprestano miješajući. Umiješajte smjesu kukuruznog škroba. Vratite na vrije i kuhajte još 1 do 2 minute, miješajući dok se ne zgusne. Maknite s vatre i ohladite na sobnu temperaturu, zatim poklopite ostavite u hladnjaku 6 sati.
c) Ulijte ohlađenu smjesu za sladoled u zamrznuti cilindar aparata za sladoled; zamrznite prema uputama proizvođača. Žlicom stavite polovicu smjese za sladoled u posudu prikladnu za zamrzavanje, na vrh stavite komadiće voćne smjese i ponovite. Zavrtite slojeve zajedno drvenim ražnjićem. Zamrznite smjesu preko noći dok se ne stegne.

53.Chry milk mrvice

SASTOJCI:
- 1 porcija mliječnih mrvica
- ½ šalice liofilizirane trešnje u prahu
- ¼ šalice liofilizirane borovnice u prahu
- 0½ g košer soli [⅛ žličice]

UPUTE:
a) Pomiješajte mliječne mrvice s prahom bobičastog voća i solju u srednjoj zdjeli dok sve mrvice ne budu ravnomjerno prošarane crvenom i plavom bojom i prekrivene prahom bobičastog voća.
b) Mrvice se mogu čuvati u hermetički zatvorenoj posudi u hladnjaku ili zamrzivaču do 1 mjeseca.

54. Parfe od višanja

SASTOJCI:
- 3 unce krem sira Neufchatel
- 2 šalice hladnog obranog mlijeka
- Pakiranje od 3 unce Jell-O instant čokoladnog pudinga bez šećera
- 1 žlica kukuruznog škroba
- ⅓ šalice soka od višnje
- 1 limenka Crvene višnje bez koštice
- 1 funta vode
- 6 pakiranja jednakog zaslađivača

UPUTE:
a) Pomiješajte krem sir s ¼ šalice mlijeka na maloj brzini električnog miksera, dok smjesa ne postane glatka. Dodajte preostalo mlijeko i smjesu za puding. Miksajte 1 ili 2 minute ili dok smjesa ne postane glatka.
b) Umiješajte kukuruzni škrob u sok od višanja dok se ne otopi. Dodati trešnjama i kuhati dok ne provrije 1 minutu.
c) Maknite s vatre i umiješajte Equal.
d) U posudice za parfe naizmjenično stavljati puding i višnje, a završiti pudingom. Ukrasite sa 2 trešnje.

55. Krema od višanja Dacquoise

SASTOJCI:
ZA DACQUOISE:
- 180 g (1½ šalice) šećera u prahu
- 160 g (1⅔ šalice) bademovog brašna
- 6 većih bjelanjaka
- Prstohvat soli
- ½ žličice tartar kreme
- 60 g (¼ šalice) šećera u prahu

ZA NADJEV:
- 200 g (6 unci) svježih ili smrznutih i odmrznutih tamnih trešanja bez koštica
- 120 g (½ šalice) šećera u prahu
- ¾ šalice vode
- 1 žličica soka od limuna
- 500 ml (2 šalice) duple pavlake

ZA PRELJEV:
- 30 g (1 unca) tamne čokolade
- Šećer za glazuru

UPUTE:

a) Prvo napravite dacquoise: Zagrijte pećnicu na 130°C (po mogućnosti s ventilatorom)/250°F/plin ½. Donju stranu najvećeg pleha namažite maslacem i na njega zalijepite list papira za pečenje.

b) Nacrtajte tri kruga, svaki promjera 20 cm, na pergamentu. Također možete koristiti prethodno izrezane krugove pergamenta. Ako vam ne stanu tri kruga, koristite dva pleha.

c) Pomiješajte šećer u prahu i bademovo brašno u zdjeli. Bjelanjke s prstohvatom soli zapjeniti, dodati tartar kremu i istući u čvrsti snijeg. Dodajte šećer u prahu u tri ili četiri dijela, neprestano miješajući, dok ne dobijete meku meringu.

d) Mješavinu od bademovog šećera prelijte preko meringuea i umiješajte je lopaticom. Premjestite smjesu u vrećicu s velikim običnim nastavkom ili u vrećicu za zamrzavanje i odrežite kut od 1½ cm.

e) Smjesu nanesite na označene krugove, počevši od sredine svakoga u obliku spirale. Prebacite u pećnicu i pecite 1 sat i 30 minuta. Ako imate dva pleha, zamijenite ih na pola puta kako bi se ravnomjerno ispekli. Isključite pećnicu i ostavite dacquoise unutra još 1 sat i 30 minuta ili preko noći. Odlijepite pergament.
f) Dok se dacquoise peku, pripremite višnje: stavite ih u veliki lonac sa šećerom, vodom i limunovim sokom i pustite da prokuhaju. Pustite da jako kuhaju 30 minuta; pred kraj kuhanja lagano promiješajte da provjerite da li se višnje ne hvataju za dno. Skinite posudu s vatre i ohladite.
g) Umutiti vrhnje u meke vrhove. Ubacite višnje, procijeđene šupljikavom žlicom, nekoliko ostavite za ukrašavanje (sirup se može koristiti u napitcima ili preko sladoleda).
h) Stavite jedan dacquoise disk na pladanj za tortu ili stalak, ravnom stranom prema dolje.
i) Preko toga rasporedite polovinu kreme od višanja i poklopite drugim diskom ravnom stranom prema gore.
j) Preko toga rasporedite preostalu kremu i prekrijte zadnjim diskom (za to rezervirajte najljepši). Pospite šećerom u prahu i ukrasite višnjama.
k) Otopite tamnu čokoladu u vodenoj kupki ili mikrovalnoj pećnici na niskoj snazi. Vilicom ga nakapajte po vrhu torte.
l) Ohladite u hladnjaku barem 2 sata prije posluživanja kako bi krema malo omekšala dacquoise.
m) U hladnjaku će stajati 2-3 dana, ali će slojevi dacquoisea dodatno omekšati.

56.Cappuccino borovnica Crisp

SASTOJCI:
- 4 šalice svježih ili smrznutih borovnica
- 2 žlice granula instant kave
- ½ šalice granuliranog šećera
- 1 šalica starinske zobi
- ½ šalice višenamjenskog brašna
- ½ šalice pakiranog smeđeg šećera
- ½ šalice neslanog maslaca, hladnog i narezanog na kockice
- ½ žličice mljevenog cimeta
- Prstohvat soli

UPUTE:
a) Zagrijte pećnicu na 350°F (175°C) i namastite posudu za pečenje 9x9 inča.
b) Otopite granule instant kave u 2 žlice vruće vode i ostavite sa strane.
c) U velikoj zdjeli pomiješajte borovnice i otopljenu smjesu kave. Baciti na kaput.
d) U posebnoj posudi pomiješajte granulirani šećer, mljeveni cimet i prstohvat soli. Pospite ovu smjesu preko borovnica i bacite na premaz.
e) Prebacite smjesu borovnica u pripremljenu posudu za pečenje.
f) U zdjeli pomiješajte zobene zobi, višenamjensko brašno, smeđi šećer i hladni maslac izrezan na kockice. Miksajte dok ne postane mrvičasto.
g) Mješavinu zobi ravnomjerno pospite po borovnicama.
h) Pecite 35-40 minuta ili dok preljev ne porumeni, a borovnice ne počnu puhati.
i) Ostavite da se malo ohladi prije posluživanja. Uživajte u cappuccinu s borovnicama!

57. Trešnja Bavarois

SASTOJCI:
- 1 šalica tamne čokolade, otopljene
- ½ šalice džema od višanja
- 2 žličice želatine
- 3 žlice hladne vode
- 2 šalice tučenog vrhnja
- Šlag i višnje maraskino za ukras

UPUTE:
a) Želatinu otopite u hladnoj vodi i ostavite nekoliko minuta da nabuja.
b) U loncu pomiješajte otopljenu tamnu čokoladu i džem od višanja. Zagrijte na laganoj vatri dok se dobro ne sjedini.
c) Otopljenu želatinu umiješajte u smjesu čokolade i višanja.
d) Ostavite smjesu da se ohladi na sobnu temperaturu.
e) Nježno umiješajte šlag.
f) Polovicu smjese čokolade i višnje ulijte u čaše ili kalupe za posluživanje.
g) Dodajte malo tučenog vrhnja i višnju maraskino.
h) Prelijte preostalom smjesom čokolade i višanja.
i) Ostavite u hladnjaku najmanje 4 sata ili dok se ne stegne.

58. Torta od trešanja naopako

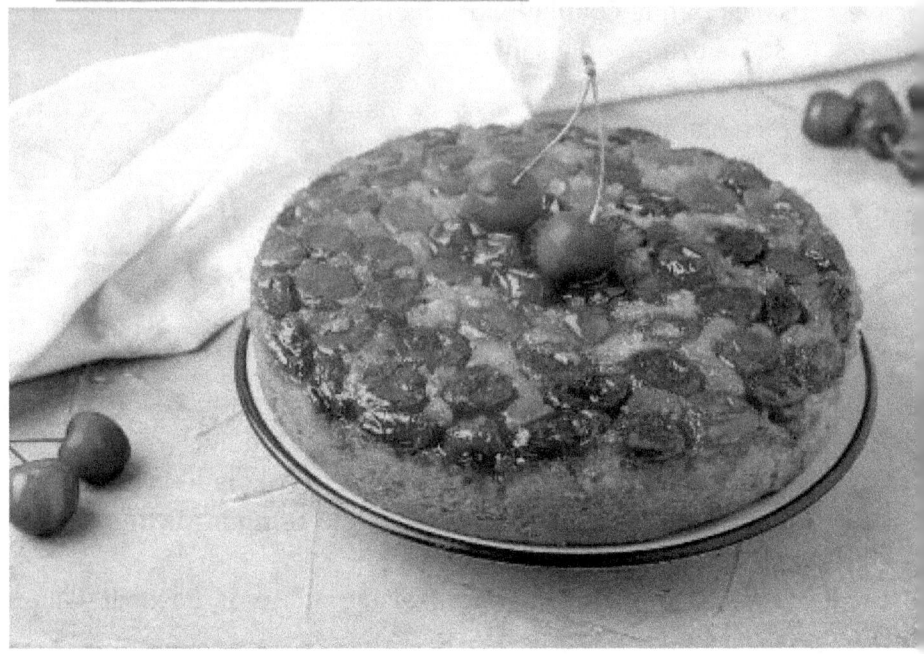

SASTOJCI:
PRELJEV:
- ¼ šalice margarina
- ½ šalice šećera
- 2 šalice višanja

DIO TORTE:
- 1 ½ šalice brašna
- ½ šalice šećera
- 2 žličice praška za pecivo
- ½ žličice soli
- 1 jaje
- ½ šalice mlijeka
- 3 žlice otopljenog masti

UPUTE:
a) Zagrijte pećnicu na 400 stupnjeva Fahrenheita (200 stupnjeva Celzija).
b) U tavi od 9 inča otopite ¼ šalice margarina.
c) U otopljeni margarin u tavi dodajte višnje pomiješane sa ½ šalice šećera, ravnomjerno ih rasporedite.
d) Za pripremu dijela kolača pomiješajte brašno, ½ šalice šećera, prašak za pecivo i sol u zdjeli.
e) Dodajte tučeno jaje, mlijeko i otopljeni mast u suhe sastojke, miješajući dok se dobro ne sjedine.
f) Tijesto za kolač ravnomjerno prelijte preko višanja i šećera u kalupu.
g) Pecite kolač u prethodno zagrijanoj pećnici oko 30 minuta ili dok čačkalica zabodena u sredinu ne izađe čista.
h) ODMAH nakon pečenja tortu preokrenuti na tanjur za posluživanje, tako da preljev od višanja bude na vrhu torte.
i) Tortu od trešanja naopako poslužite toplu i uživajte u divnim okusima slatkih trešanja i nježnog kolača!

59. Pot de crème od trešnje i badema

SASTOJCI:
- 2 šalice gustog vrhnja
- ½ šalice granuliranog šećera
- 6 većih žumanjaka
- 1 žličica ekstrakta badema
- 1 šalica svježih trešanja, očišćenih od koštica i prepolovljenih
- Narezani bademi i svježe trešnje za ukras

UPUTE:
a) U loncu zagrijte vrhnje i šećer dok ne počnu kuhati.
b) Umiješajte prepolovljene svježe višnje.
c) Maknite s vatre i ostavite da se kuha 15 minuta.
d) U posebnoj zdjeli izmiksajte žumanjke i ekstrakt badema dok smjesa ne postane glatka.
e) Vruću smjesu vrhnja s višnjama polako ulijevajte u žumanjke uz stalno miješanje.
f) Ulijte smjesu u pojedinačne posude za kremu i ostavite u hladnjaku najmanje 4 sata prije posluživanja.
g) Prije posluživanja ukrasite narezanim bademima i svježim trešnjama.

60.Cherry Brownie pita

SASTOJCI:
- 1 kutija mješavine za brownies (plus potrebni sastojci)
- 1 konzerva nadjeva za pitu od višanja
- ½ šalice poluslatkih komadića čokolade
- Šlag, za preljev

UPUTE:
a) Zagrijte pećnicu prema uputama za pakiranje mješavine za brownie i pripremite tijesto za brownie prema uputama.
b) Ravnomjerno rasporedite polovicu tijesta za brownie na dno podmazane ili obložene posude za pitu od 9 inča.
c) Prelijte nadjev za pitu od višanja preko tijesta za brownie.
d) Poluslatke komadiće čokolade pospite preko nadjeva za pitu od višanja.
e) Preostalu polovicu tijesta za brownie rasporedite preko nadjeva za pitu od višanja i komadića čokolade.
f) Pecite prema uputama na pakiranju mješavine za brownie, obično oko 30-35 minuta.
g) Ostavite brownie pitu da se potpuno ohladi prije rezanja.
h) Poslužite sa šlagom na vrhu.

61.Cherry Cobbler

SASTOJCI:
- ¼ šalice smrznutih višanja
- 1 žlica granuliranog šećera
- 2 žlice višenamjenskog brašna
- 1 žlica maslaca

UPUTE:
a) U šalici prikladnoj za mikrovalnu pećnicu pomiješajte smrznute višnje, granulirani šećer, višenamjensko brašno i maslac.
b) Sastojke dobro izmiješajte dok se višnje ne prekriju smjesom od brašna i šećera.
c) Pecite šalicu u mikrovalnoj pećnici na visokoj snazi oko 1-2 minute, ili dok se čaša ne skuha i dok trešnje ne proključaju. Točno vrijeme kuhanja može varirati ovisno o snazi vaše mikrovalne pećnice, stoga ga pripazite.
d) Pažljivo izvadite šalicu iz mikrovalne pećnice (može biti vruća) i pustite da se čaša ohladi minutu ili dvije prije posluživanja.
e) Možete uživati u Cherry Cobbleru onakvom kakav jest ili ga možete poslužiti s kuglicom sladoleda od vanilije ili malo šlaga za dodatni užitak.
f) Uzmite žlicu i zaronite u topli i voćni Cherry Cobbler!

62. Torta od kreme

SASTOJCI:

- 2 šalice mrvica graham krekera
- ½ šalice neslanog maslaca, otopljenog
- 2 pakiranja (8 unci) krem sira, omekšalog
- 1 šalica šećera u prahu
- 1 žličica ekstrakta vanilije
- 1 šalica tučenog vrhnja
- 1 (21 unca) limenka nadjeva za pitu od višanja

UPUTE:

a) U srednjoj zdjeli pomiješajte mrvice graham krekera i rastopljeni maslac. Miješajte dok se mrvice ravnomjerno ne prekriju maslacem.
b) Utisnite smjesu od mrvica na dno kalupa od 9 inča, stvarajući ravnomjeran sloj. Tepsiju staviti u frižider da se ohladi dok pripremate nadjev.
c) U velikoj zdjeli za miješanje tucite krem sir dok ne postane glatko i kremasto.
d) Dodajte šećer u prahu i ekstrakt vanilije u krem sir i nastavite mutiti dok se dobro ne sjedini.
e) Nježno umiješajte šlag.
f) Ohlađenu koru u kalupu prelijte smjesom od krem sira i ravnomjerno rasporedite.
g) Žlicom stavite nadjev za pitu od višanja na smjesu od krem sira, rasporedite ga tako da napravite sloj.
h) Pokrijte posudu plastičnom folijom i ostavite u hladnjaku najmanje 4 sata ili preko noći da se stegne.
i) Kada se stegne, uklonite stijenke kalupa i narežite tortu za posluživanje. Uživajte u slasnoj torti s kremom od višanja bez pečenja!

63. Limun višnja orašasti mousse

SASTOJCI:

- ½ šalice cijelih prirodnih badema
- 1 omotnica želatine bez okusa
- 3 žlice soka od limuna
- 1 šalica granuliranog šećera; podijeljena
- 1 limenka (12 unci) evaporiranog mlijeka
- 1 limenka (21 unca) nadjeva i preljeva za pitu od višanja
- 2 žličice naribane kore limuna
- ¼ žličice ekstrakta badema
- 4 bjelanca

UPUTE:

a) Rasporedite bademe u jednom sloju na lim za pečenje. Pecite u pećnici zagrijanoj na 350 stupnjeva 12-15 minuta uz povremeno miješanje dok lagano ne popeku. Ohladite i sitno nasjeckajte.
b) Pospite želatinu preko 3 žlice vode u malom teškom loncu. Ostavite stajati 2 minute dok želatina ne upije vodu.
c) Umiješajte sok od limuna i ½ šalice šećera; miješati smjesu na laganoj vatri dok se želatina i šećer potpuno ne otope, a tekućina postane bistra.
d) Ulijte evaporirano mlijeko u veliku zdjelu za miješanje; umiješajte nadjev za pitu od višanja, koricu limuna i ekstrakt badema. Umiješajte otopljenu smjesu želatine, temeljito promiješajte.
e) Ohladite dok smjesa ne postane gusta i pudingaste konzistencije.
f) Istucite bjelanjke dok ne postanu svijetli i pjenasti. Postupno dodajte preostali šećer.
g) Nastavite tući dok se ne formira čvrsti meringue. Meringue umiješajte u smjesu od višanja. Nježno umiješajte nasjeckane bademe.
h) Žlicom rasporedite mousse u 8 zdjelica za posluživanje. Pokrijte i ohladite najmanje 2 sata ili preko noći prije posluživanja.

64.Mousse od višanja

SASTOJCI:
- 6 velikih jaja, odvojenih
- ½ šalice šećera
- ¼ šalice plus 2 žlice vode
- 3½ litre gustog vrhnja
- 3½ šalice kolača ili pirea od trešanja

UPUTE:

a) Bjelanjke stavite u hladnjak, a žumanjke u veliku zdjelu od nehrđajućeg čelika i ostavite sa strane.

b) U teškom loncu pomiješajte šećer i vodu. Miješajte dok se ne otopi i stavite na jaku vatru. Kuhajte 2 do 3 minute. Kad je bistra i šećer se potpuno otopi, maknite s vatre i brzo umiješajte u žumanjke. Ručnim mikserom tucite ovu smjesu velikom brzinom 5 do 8 minuta ili dok ne postane čvrsta i sjajna. Staviti na stranu.

c) Tucite vrhnje dok se ne formiraju čvrsti vrhovi i ostavite sa strane. Bjelanjke umutiti u čvrsti snijeg i ostaviti sa strane.

d) Dodajte pasirane višnje u smjesu žumanjaka i dobro promiješajte. Umiješajte šlag pa snijeg od bjelanjaka. Izlijte u pojedinačne posude za posluživanje ili veliku zdjelu i brzo ostavite u hladnjaku najmanje 2 sata, ako je moguće i duže. Poslužite sa šlagom ili orašastim plodovima kao ukras.

65. Dupli Semifreddo od trešnje

SASTOJCI:
- 1 šalica svježih trešanja, očišćenih od koštica i prepolovljenih
- 1 šalica višanja maraskina, ocijeđenih i prepolovljenih
- ½ šalice granuliranog šećera
- 1 žlica soka od limuna
- 4 velika jaja, odvojena
- ½ šalice granuliranog šećera
- 1 žličica ekstrakta vanilije
- 1 ½ šalice gustog vrhnja
- ½ šalice obroka od badema (po želji)
- Listovi svježe mente, za ukras (po želji)

UPUTE:

a) U loncu pomiješajte svježe trešnje, višnje maraskino, granulirani šećer i limunov sok. Kuhajte na srednjoj vatri uz povremeno miješanje dok višnje ne puste sok i dok se šećer ne otopi. Ovo će trajati oko 10 minuta. Maknite s vatre i ostavite da se potpuno ohladi.

b) Nakon što se smjesa od višanja ohladi, prebacite je u blender ili procesor hrane i miksajte dok ne postane glatka. Staviti na stranu.

c) U zdjeli za miješanje tucite žumanjke, granulirani šećer i ekstrakt vanilije dok ne postane gusto i blijedo.

d) U posebnoj zdjeli umutite čvrsto vrhnje dok se ne formiraju mekani vrhovi.

e) Nježno umiješajte tučeno vrhnje u smjesu žumanjaka dok se dobro ne sjedini.

f) Ako želite, dodajte obrok od badema kako biste dodali malo teksture semifreddu.

g) Ulijte polovicu smjese za semifreddo u kalup za kruh ili posudu prikladnu za zamrzavanje.

h) Žlicom stavljajte polovicu pirea od višanja na smjesu za semifreddo u tavi. Nožem ili ražnjićem umiješajte pire u smjesu s vrhnjem.

i) Prelijte preostalu polovicu smjese za semifreddo preko višnje.

j) Žlicom dodajte preostali pire od višanja na vrh i umiješajte u smjesu od vrhnja.

k) Pokrijte posudu plastičnom folijom i zamrznite najmanje 6 sati ili preko noći dok se ne stegne.
l) Kad ste spremni za posluživanje, izvadite semifreddo iz zamrzivača i ostavite ga na sobnoj temperaturi nekoliko minuta da malo omekša.
m) Po želji ukrasite listićima svježe mente.
n) Semifreddo narežite i odmah poslužite.
o) Uživajte u divnom Semifreddu od duple trešnje!

66. Tart Cherry Swirl sladoled od kokosa

SASTOJCI:
- ¾ šalice plus 2 žlice evaporiranog šećera od trske
- 1 (13½ unce) limenka punomasnog kokosovog mlijeka (ne lagano)
- 1 šalica nemliječnog mlijeka
- 1 žličica ekstrakta vanilije
- ⅓ šalice sušenih trpkih višanja, grubo nasjeckanih
- ¼ šalice vode
- ½ žličice škroba od arrowroota ili tapioke
- ½ žličice svježeg soka od limuna

UPUTE:

a) U velikom loncu pomiješajte ¾ šalice šećera s kokosovim mlijekom i ostalim mlijekom koje nije mliječno, miješajući da se sjedini. Zakuhajte smjesu na srednjoj vatri uz često miješanje.

b) Kad zavrije, smanjite vatru na srednje nisku i neprestano miješajte dok se šećer ne otopi, oko 5 minuta. Maknite s vatre i dodajte vaniliju, miješajući da se sjedini.

c) Premjestite smjesu u zdjelu otpornu na toplinu i ostavite da se potpuno ohladi.

d) Dok se baza za sladoled hladi, u manjoj posudi pomiješajte suhe višnje i vodu. Kuhajte na srednjoj vatri, dok višnje ne omekšaju i smjesa ne počne mjehuriti.

e) U maloj posudi pomiješajte preostale 2 žlice šećera i škrob. Smjesu uspite u višnje i smanjite vatru.

f) Nastavite kuhati dok se smjesa ne zgusne, oko 3 minute, zatim umiješajte sok od limuna. Prebacite u zdjelu otpornu na toplinu da se potpuno ohladi.

g) Ulijte baznu smjesu za sladoled u zdjelu aparata za sladoled od 1½ ili 2 litre i obradite prema uputama proizvođača. Kad je sladoled gotov, jednu trećinu izdubite u posudu za zamrzavanje, a zatim dodajte polovicu ohlađene smjese od višanja.

h) Dodajte drugu trećinu sladoleda i prelijte preostalom smjesom od višanja.

i) Na vrh stavite posljednju trećinu sladoleda, a zatim provucite nožem za maslac kroz smjesu 2 ili 3 puta, da je zavrtite. Čuvajte u hermetički zatvorenoj posudi u zamrzivaču najmanje 2 sata prije sastavljanja sendviča.

NAPRAVITI SENDVIČE

j) Pustite da sladoled malo omekša kako biste ga lakše grabili. Stavite polovicu kolačića, dnom prema gore, na čistu površinu. Zagrabite jednu obilnu kuglicu sladoleda, otprilike ⅓ šalice, na vrh svakog kolačića.

k) Na vrh sladoleda stavite preostale kolačiće, tako da dno kolačića dodiruje sladoled.

l) Nježno pritisnite kolačiće kako biste ih poravnali.

m) Zamotajte svaki sendvič u plastičnu foliju ili voštani papir i vratite u zamrzivač najmanje 30 minuta prije jela.

67. Staromodni sladoled

SASTOJCI:
- ¼ šalice soka od naranče
- 0½ 0 unce Triple Sec
- Jack Daniel's od 2 unce
- 8 kapi Aromatične grenčice
- 1 ¼ šalice šećera u prahu
- 2 šalice jakog vrhnja za šlag
- 1-2 rakirane višnje

UPUTE:
a) Pomiješajte sok, Jack Daniel's, triple sec i biter u velikoj zdjeli.
b) Umiješajte šećer u prahu, ¼ šalice dok se ne sjedini.
c) Dodajte vrhnje za šlag i miksajte dok ne postane gusto, ali ne čvrsto.
d) Stavite u hermetički zatvorenu posudu ili posudu obloženu voštanim papirom prekrivenu folijom.
e) Zamrznite, preko noći ili do nekoliko dana.
f) Poslužite preliveno pečenim višnjama.

68. Višnja i badem Pavlova

SASTOJCI:
- 4 bjelanjka
- 1 šalica šećera
- 1 žličica bijelog octa
- 1 žličica kukuruznog škroba
- 1 šalica šlaga
- 1 šalica svježih trešanja bez koštica
- ¼ šalice narezanih badema, tostiranih

UPUTE:
a) Zagrijte pećnicu na 300°F (150°C). Lim za pečenje obložite papirom za pečenje.
b) Istucite bjelanjke dok se ne stvore čvrsti snijeg. Postupno dodajte šećer, žlicu po žlicu, dobro tučeći nakon svakog dodavanja.
c) Dodajte ocat i kukuruzni škrob i tucite dok se ne sjedine.
d) Žlicom stavite smjesu na pripremljeni lim za pečenje kako biste oblikovali krug od 8 inča (20 cm).
e) Pomoću lopatice napravite udubljenje u središtu pavlove.
f) Pecite 1 sat ili dok pavlova ne postane hrskava izvana i mekana iznutra.
g) Pustite da se potpuno ohladi.
h) Preko pavlove premažite šlagom. Dodati očišćene višnje i posuti tostiranim bademima.

69. Flan od svježih višanja

SASTOJCI:
- 2 žumanjka
- 1 cijelo jaje
- 3½ šalice slatkih zrelih trešanja
- ½ šalice šećera
- ½ šalice maslaca, otopljenog
- 1 šalica brašna
- 3 žlice tamnog ruma
- 1 žličica naribane korice limuna
- 1 šalica mlijeka
- Šećer u prahu i Creme Fraiche

UPUTE:
a) Trešnjama pažljivo očistite koštice, ostavite ih cijele. Tucite šećer, žumanjke i jaje dok ne postane glatko.
b) Umutite ⅓ šalice maslaca, zatim brašno, rum, koricu i mlijeko. Tijesto bi trebalo biti vrlo glatko.
c) Po želji se tijesto može brzo izmiksati u blenderu.
d) Premažite posudu za pečenje ili tavu od 9 inča preostalim maslacem. Na dno rasporedite višnje i prelijte tijestom.
e) Pecite u prethodno zagrijanoj pećnici na 400 stupnjeva 35 - 40 minuta ili dok ne porumeni i lagano se napuhne i stegne.
f) Poslužite toplo posuto šećerom u prahu i kašikom ili dvije creme fraichea.

NAPRAVITI CREME FRAICHE:
g) Dodajte 3 žlice uzgojenog mlaćenice ili 1 šalicu uzgojenog kiselog vrhnja u 2 šalice gustog vrhnja u loncu. Lagano zagrijte na oko 90 stupnjeva Sklonite s vatre i ulijte u čistu staklenku.
h) Labavo pokrijte i ostavite na sobnoj temperaturi (75 - 80 stupnjeva) 6 - 8 sati ili preko noći dok krema ne postane vrlo gusta.
i) Lagano promiješajte, pokrijte i ostavite u hladnjaku do 2 tjedna.

70. Rolani sladoled od trešnje

SASTOJCI:
BAZNI SASTOJAK
- 1 šalica vrhnja
- ½ šalice kondenziranog mlijeka

PRELJEV
- 1 do 2 kapi ekstrakta trešnjinog cvijeta
- 4 unce bijele čokolade, nasjeckane
- ¼ šalice trešanja, ocijeđenih
- Šaka pistacija (po želji)

UPUTE:
a) Uzmite čistu i veliku tepsiju i dodajte vrhnje i kondenzirano mlijeko.
b) Dodajte preljeve i izgnječite ih lopaticom.
c) Ravnomjerno rasporedite i zamrznite preko noći.
d) Sutradan istom špatulom prevrtati sladoled s jednog na drugi kraj pleha.

71.Sladoled od sira od trešnje

SASTOJCI:
- 3 unce krem sira, omekšalog
- 1 (14 unci) konzerva zaslađenog kondenziranog mlijeka
- 2 šalice pola-pola
- 2 šalice vrhnja za šlag
- 1 žlica ekstrakta vanilije
- ½ žličice ekstrakta badema
- 10 unci višanja maraskina, ocijeđenih i nasjeckanih

UPUTE:
a) U velikoj zdjeli miksera tucite krem sir dok ne postane pjenast.
b) Postupno dodajte zaslađeno kondenzirano mlijeko dok smjesa ne postane glatka.
c) Dodajte preostale sastojke; dobro promiješajte.
d) Ulijte u posudu za zamrzavanje sladoleda i zamrznite prema uputama proizvođača.

72. Bundt torta od višanja

SASTOJCI:
- 1 pakiranje mješavine za čokoladnu tortu
- Limenka od 21 unce nadjeva za pitu od višanja
- ¼ šalice ulja
- 3 jaja
- Glazura od trešanja

UPUTE:
a) Izmiješajte i izlijte u podmazan pleh.
b) Pecite na 350ø 45 minuta.
c) Pustite da se ohladi u tavi 30 minuta, a zatim izvadite.

73. Vrata od trešnje

SASTOJCI:
- 3 velika jaja
- 4½ unce šećera (granuliranog)
- 3 unce glatkog brašna
- ½ unce kakaa u prahu
- 15 unci crnih trešanja
- 2 žličice Arrowroota
- 1 litra duplog vrhnja (do)
- 3 žlice kirša ili rakije
- 3 Cadburyjeve pahuljice

UPUTE:

a) Tucite jaja i šećer dok ne postanu blijeda i vrlo gusta, a mješalica ostavi trag kada se podigne. Dva puta prosijte brašno i kakao i umiješajte ih u smjesu od jaja. Izlijte u podmazan i obložen okrugli duboki kalup za tortu od 23 cm/9".

b) Pecite na 375F oko 30 minuta ili dok ne postane čvrsto na dodir. Ohladite na rešetki.

c) Kada je kolač hladan, prerežite ga na tri kore. Ocijedite višnje, sačuvajte limenku sirupa. Pomiješajte ½ litre sirupa (po potrebi dodajte vodu) s arrowrootom u loncu i pustite da zavrije, miješajući. Pirjajte dok se ne zgusne i razbistri.

d) Višnje prepolovite, izvadite im koštice (koštice) i dodajte u tepsiju, a malo ostavite za ukras. Cool. Istucite vrhnje dok ne postane gusto.

e) Donji sloj torte stavite na tanjur za posluživanje i premažite s pola smjese od višanja i drugim slojem kreme. Pokrijte drugim korom torte. Pospite kirschom ili rakijom, zatim premažite preostalom smjesom od višanja i još jednim slojem kreme. Gornji sloj torte pažljivo stavite na kremu.

f) Ostavite malo kreme za ukrašavanje, a ostatkom premažite vrh i stranice torte. Napravite ukrasni uzorak na vrhu. Čokoladu nasjeckajte ili naribajte i najveći dio utisnite na stranice torte.

g) Pričuvanu kremu u kovitlama nanesite na vrh torte i ukrasite je preostalom čokoladom i ostavljenim višnjama. Ostavite tortu 2-3 sata prije posluživanja.

74. Sufle od trešanja

SASTOJCI:
- 16 unci kiselih trešanja bez koštica, ocijeđenih
- 5 žlica rakije
- 4 kvadrata čokolade za pečenje
- 2 omotnice želatine bez okusa
- 3 jaja, odvojena
- 14 unci zaslađenog kondenziranog mlijeka
- 1½ žličice vanilije
- 1 šalica evaporiranog mlijeka

UPUTE:
a) Trešnje nasjeckajte i marinirajte u rakiji (ili tekućini od višanja). Namočite želatinu u ½ šalice soka od višanja.
b) Žumanjke malo umutiti; umiješajte zaslađeno mlijeko i želatinu. Zagrijte na laganoj vatri dok se želatina ne otopi; dodajte čokoladu i zagrijavajte dok se ne otopi i smjesa malo zgusne. Umiješajte višnje i vaniliju; ohladite dok se smjesa malo ne skupi kada padne sa žlice.
c) Umutite evaporirano mlijeko i bjelanjke dok smjesa ne dobije čvrsti snijeg.
d) Umiješajte smjesu želatine. Ulijte u posudu za souffle od 1 litre s ovratnikom od 3 inča. Ohladite dok se ne stegne, nekoliko sati ili preko noći. Uklonite ovratnik; ukrasite višnjama, čokoladnim uvojcima ili tučenim preljevom.

75. Tiramisu od višanja

SASTOJCI:
ZA NADJEV OD VIŠNJE
- ½ šalice soka ili sirupa od višanja
- 1 šalica višanja u staklenkama bez koštica
- 1 žlica kukuruznog brašna
- 2 žlice šećera

ZA MJEŠAVINE KAVE
- 2 žlice instant kave
- 1 šalica vruće vode

ZA MASCARPONE KREMU
- 200 ml gustog vrhnja
- 250 g mascarponea
- 6-8 žlica šećera u prahu
- 1 žličica ekstrakta vanilije

ZA MONTAŽU
- 15 ženskih keksa cca. 100 g
- Čokoladni umak
- strugotine tamne čokolade
- kakao prah za posipanje
- svježe ili u staklenkama višnje za ukras

UPUTE:
a) Nadjev od višanja pripremite tako da 2 žlice soka/sirupa od višanja pomiješate sa višnjama zajedno sa šećerom i kukuruznim brašnom.
b) Preostali sok od višanja zakuhajte i dodajte mu višnje. Miješajte na laganoj vatri dok se tekućina ne zgusne i višnje ne postanu lagano kašaste. Držite sa strane da se ohladi.
c) Pripremite svoju kavu tako da pomiješate instant kavu s vrućom vodom i ostavite je sa strane da se ohladi. Umjesto instant kave možete koristiti i kapsule espressa. Treba vam oko šalice kave.
d) U hladnoj posudi umutite vrhnje do srednjih vrhova. Zatim dodajte mascarpone, šećer u prahu i ekstrakt vanilije. Mutite dok sve ne bude kremasto i glatko.
e) Kada se sve ohladi krenuti sa sastavljanjem. Koristim tri srednje velike različite čaše. Možete koristiti bilo koje koje želite.
f) Započnite umakanjem ženskih prstića u kavu. Ne smijete zakucavati dulje od sekunde. Vrlo brzo postanu mekani i kašasti. Osim toga, nastavit će omekšavati s mascarponeom na vrhu. Slomite ženske prste

ako su veliki za vaše čaše za posluživanje. Napravite podlogu na dnu sa koliko god vam je potrebno ženskih prstića.

g) Zatim na vrh nanesite malo mascarpone kreme. Prelijte čokoladnim preljevom, koliko god želite. Zatim dodajte sloj višanja. Ponovite s drugom bazom ženskih prstića umočenih u kavu, a zatim kremom od mascarponea.

h) Pospite kakaom u prahu i pospite komadićima čokolade. Dodajte svježu trešnju na vrh. ja

i) Stavite u hladnjak na 2-3 sata prije posluživanja. Uživajte hladno!

76. Chia puding s voćem i trešnjama

SASTOJCI:
- 2 žlice chia sjemenki
- ½ šalice nezaslađenog bademovog mlijeka
- 1 žličica javorovog sirupa
- ½ žličice ekstrakta vanilije
- ⅓ šalice smrznutog šumskog voća, odmrznutog
- 1 žlica veganskog prirodnog kokosovog jogurta
- 1 žlica granole

UPUTE:

a) Chia puding: Umutite chia sjemenke, bademovo mlijeko, javorov sirup i ekstrakt vanilije u maloj posudi. Pustite da odstoji 10 minuta i ostavite da se malo zgusne. Nakon 10 minuta ponovno promiješajte kako biste uklonili grudice koje su se možda stvorile i ravnomjerno rasporedite sjemenke po mlijeku.

b) Ulijte chia puding u hermetički zatvorenu posudu i stavite u hladnjak na najmanje sat vremena, najbolje preko noći.

c) Jogurt od višanja: U međuvremenu napravite jogurt od višanja. Zgnječite bobice vilicom dok ne budete zadovoljni teksturom. Alternativno, možete koristiti mali blender. Zatim umiješajte jogurt u pasirano voće dok se sve ne sjedini. Pokrijte i držite u hladnjaku dok se vaš chia puding ne zgusne.

d) Dodaci: Kad ste spremni za posluživanje, žlicom nanesite jogurt od višnje na vrh chia pudinga i pospite malo hrskave granole. Također volim svoje nadjenuti svježim trešnjama.

77. Cannoli od višnje

SASTOJCI:
ZA CANNOLI
- 2 veća bjelanjka
- ⅓ šalice šećera
- 1 žlica uljane repice
- 1 žlica maslaca, otopljenog
- 2 žličice čistog ekstrakta vanilije
- 1 žlica kakaa u prahu
- ⅓ šalice višenamjenskog brašna

ZA PEČENE VIŠNJE
- 2 šalice svježih trešanja bez koštica
- ⅓ šalice šećera
- 2 žličice kukuruznog škroba

ZA ŠLAG
- 1 šalica ohlađenog čvrstog vrhnja za šlag
- 1 žlica kirša
- 1 šalica šećera u prahu

UPUTE:
a) Zagrijte pećnicu na 375.
b) Dva lima za pečenje lagano namažite sprejom za pečenje; Staviti na stranu.
c) U zdjeli srednje veličine pjenasto izmiješajte bjelanjke, šećer, kanolino ulje, rastopljeni maslac i vaniliju. Miješajte dok se temeljito ne sjedini.
d) Dodajte kakao prah i brašno; nastavite miješati dok ne postane glatko i ne pojave se grudice.
e) Žlicom rasporedite 4 hrpe tijesta na svaki lim za pečenje, koristeći 3 žličice tijesta za svaki, s razmakom između kolačića 3 inča.
f) Sa stražnjom stranom žlice rasporedite svaki kolačić na promjer od oko 4 inča.
g) Pecite 6 do 7 minuta, ili dok rubovi ne počnu smeđiti.
h) Koristeći offset lopaticu, odvojite kolačiće od lima za pečenje i oblikujte ih u obliku cijevi. Možete koristiti okruglu metalnu posudu i omotati kolačiće oko nje.
i) Stavite kolačiće šavovima prema dolje i ostavite da se ohlade.
j) U međuvremenu pripremite višnje.
k) Zagrijte pećnicu na 400.
l) Pomiješajte višnje, šećer i kukuruzni škrob u posudi za miješanje i promiješajte.

m) Prebacite u tepsiju/tepsiju.
n) Pecite 40 do 45 minuta, ili dok sok ne postane mjehurić, miješajući svakih 15 minuta.
o) Pustite da se potpuno ohladi i stavite u hladnjak do upotrebe.
p) Pripremite šlag.
q) Pomiješajte ohlađeno vrhnje za šlag, Kirsch i šećer u prahu u zdjeli miksera.
r) Tucite smjesu dok se ne formiraju čvrsti vrhovi; ohladite dok ne budete spremni za upotrebu.
s) Sastavite kolačiće
t) Pečene višnje ravnomjerno podijelite i stavite u svaku koru cannolija.
u) Žlicom stavljajte pripremljeni šlag u slastičarsku vrećicu sa zvjezdastim vrhom i nadjev nadjevajte u školjke cannolija.
v) Poslužiti.

78. Kolač od višanja

SASTOJCI:
- ½ šalice maslaca
- 21 unca konzerviranog nadjeva za pitu od višanja
- 1¼ šalice čokoladnih vafel mrvica
- 3 jaja
- ⅔ šalice brašna
- 1 žlica čvrstog vrhnja za šlag
- ¼ žličice soli
- 2 unce poluslatke čokolade
- ⅔ šalice šećera
- 1 žličica ekstrakta vanilije

UPUTE:
a) U manjoj zdjelici pomiješajte mrvice oblatni i šećer; umiješajte maslac. Pritisnite na donju i gornju stranu lagano namazanog 11-in. rebrasta posuda za tart s dnom koje se može skinuti.
b) Stavite tepsiju na lim za pečenje.
c) Pecite na 350° 8-10 minuta ili dok lagano ne porumene. Ohladite na rešetki.
d) U mikrovalnoj pećnici otopite maslac i čokoladu; miješajte dok ne postane glatko. Ohladite 10 minuta. U velikoj zdjeli tucite jaja, šećer, vaniliju i sol dok se ne zgusne, oko 4 minute. Umiješajte u čokoladnu smjesu. Umiješajte brašno i dobro promiješajte.
e) Ulijte u koru; ravnomjerno rasporedite.
f) Pecite na 350° 25-30 minuta ili dok čačkalica zabodena blizu sredine ne izađe čista. Potpuno ohladite na rešetki.
g) Po vrhu rasporedite nadjev za pitu.
h) U mikrovalnoj pećnici otopite čokoladu i vrhnje; miješajte dok ne postane glatko. Ohladite 5 minuta uz povremeno miješanje.
i) Prelijte tart. Ohladite dok se ne stegne.

79. višanja s kolačićima

SASTOJCI:
ZA SLADOLED
- 568 ml jednokrevetne kreme
- 140 g šećera
- 4 žumanjka
- ½ žličice ekstrakta vanilije
- 200 g crne čokolade (70% kakaa), plus još za ukrašavanje

ZA UMAK OD VIŠNJE
- 1/2 400g konzerve višanja
- 2 žlice kirša ili rakije

SERVIRATI
- 148 ml duple kreme
- 2 žličice šećera u prahu
- 2 brownie kvadrata

ZA BROWNIES
- 200g maslaca
- 175 g tamno smeđeg šećera
- 140 g granuliranog šećera
- 4 jaja
- 50g mljevenih badema
- 50 g glatkog brašna
- 200 g crne čokolade

UPUTE:

a) Za sladoled ulijte vrhnje u posudu i pustite da zavrije. Umutiti šećer, žumanjke i vaniliju. Prelijte 2 žlice vrhnja i umiješajte u smjesu od jaja.

b) Smjesu jaja ulijte u tavu s vrhnjem, smanjite vatru, pa kuhajte nekoliko minuta uz neprestano miješanje drvenom kuhačom dok krema ne prekrije poleđinu žlice.

c) Otopite čokoladu u mikrovalnoj pećnici na visokoj razini 1 minutu, zatim umiješajte u zdjelu s kremom. Kad se krema ohladi, umutite u aparatu za sladoled prema uputama proizvođača.

d) Za pripremu umaka ocijedite višnje, ostavite tekućinu i ostavite sa strane. Stavite tekućinu u tavu s kirschom ili brendijem i kuhajte 5 minuta ili dok ne postane sirup. Vratite višnje u tavu da se zagriju.

e) Za sastavljanje sladoleda, umutite vrhnje sa šećerom u prahu dok se ne formiraju mekani vrhovi. Narežite brownies na komade veličine zalogaja, a zatim šaku stavite na dno 4 čaše. Izgrabite sladoled na vrh, a zatim pokapajte višnjama i umakom. Premažite šlagom i pospite ribanom čokoladom.

f) ZA BROWNIES: Zagrijte pećnicu na 180C/ventilator 160C/plin 4, zatim namastite i obložite kvadratni kalup za browniese od 20 cm. U tavi zagrijte maslac i tamnu čokoladu dok se ne otope. Promiješajte tamno smeđi šećer i kristalni šećer. Ostavite da se ohladi 5 minuta pa umiješajte u jaja.

g) Umiješajte bademe i brašno. Izlijte u lim, zatim pecite 30-35 minuta dok ne bude gotovo.

80. Cherry Bircher

SASTOJCI:
- 2 manje kruške, naribane
- 10 žlica (60 g) zobenih zobi
- 1 žlica kakao praha ili kakao praha
- 200 g grčkog jogurta, plus 4 žlice
- 5 žlica mlijeka
- 1 žlica javorovog sirupa ili meda, plus dodatak za posluživanje (po želji)
- 200g višanja prepolovljenih i očišćenih od koštica
- 2 kvadrata crne čokolade

UPUTE:
a) Pomiješajte kruške, zob, kakao, jogurt, mlijeko i javorov sirup u zdjeli. Podijelite u četiri zdjele (ili spremnika ako ga nosite na posao).
b) Svaku porciju prelijte trešnjama, 1 žlicom jogurta i malo dodatnog javorovog sirupa, ako želite. Sitno naribajte čokoladu preko Birchera, lagano posipajte svaku porciju.
c) Pojedite odmah ili ostavite u hladnjaku do 2 dana.

81. Trešnja Zuccotto

SASTOJCI:
- 1 šalica vrhnja za šlag
- 1-2 žlice šećera
- Limenka od 14 unci nadjeva za pitu od višanja
- 3 žlice naribane tamne čokolade
- 1 inch devet pečena čokoladna torta

UPUTE:
a) Kolač prerežite na pola i utisnite u zdjelu od 8 inča koju ste pošpricali sprejom za kuhanje i zatim obložili plastičnom folijom preko rubova.
b) S plastičnom folijom pritisnite tortu prema unutra i GORE po stranama zdjele što više možete da formirate gornju kupolu.
c) Stavite u konzervu višnje.
d) Uzmite šalicu vrhnja i tucite ga dok ne postane šlag. Dodajte šećera po svom ukusu, ja više volim manje slatki šlag jer je nadjev za pitu jako sladak.
e) Stavite šlag u tortu, na vrh višanja.
f) Na šlag pospite strugotine tamne čokolade.
g) Stavite dno torte i odrežite sve višak dok ne stane. Pritisnite ga čvrsto, ali ne toliko da sve izađe jedan dio! Zatim, ako imate preostalu plastičnu foliju, jednostavno je skinite sa stijenki zdjele i pokrijte
h) Hladiti preko noći. Preokrenite ga na tanjur i trebalo bi lijepo izaći s plastičnom folijom.
i) Uklonite plastičnu foliju i uživajte!

82. Trešnja Boule-de-Neige

SASTOJCI:
TORTA
- Neljepljivo biljno ulje u spreju
- ⅓ šalice konzerviranih višanja
- 2 žlice kirša
- 1 ½ šalice sušenih trpkih višanja
- 1 funta gorko-slatke čokolade, nasjeckane
- 1 šalica (2 štapića) neslanog maslaca
- 1 ¼ šalice šećera
- 1 žličica ekstrakta vanilije
- 6 velikih jaja
- ⅓ šalice višenamjenskog brašna

KIRSCH ŠLAG VRHNJE
- 2 šalice ohlađenog vrhnja za šlag
- ¼ šalice šećera u prahu
- 4 žličice kirscha (bistre rakije od višanja)
- ¼ žličice ekstrakta badema
- 16 kandiranih latica ljubičica

UPUTE:
ZA TORTU:
a) Postavite rešetku u najnižu trećinu pećnice i zagrijte je na 350°F. Obložite metalnu zdjelu od 10 šalica folijom koja se proteže 3 inča preko stranica. Poprskajte foliju neljepljivim sprejem. Pomiješajte konzerve s kirschom u srednjoj tavi na srednjoj vatri dok se konzerve ne otope.

b) Dodajte sušene trešnje; dovesti do vrenja. Pokriti; maknuti s vatre. Neka se ohladi.

c) Otopite čokoladu s maslacem u teškoj velikoj tavi na srednje niskoj vatri, miješajući dok smjesa ne postane glatka. Maknite s vatre.

d) Umutiti šećer i vaniliju, zatim umutiti 1 po 1 jaje. Umiješajte brašno, zatim smjesu od višanja. Prebacite tijesto u pripremljenu zdjelu.

e) Pecite kolač u zdjeli 30 minuta. Presavijte gornji dio folije preko rubova torte kako biste spriječili da previše porumeni.

f) Nastavite peći kolač sve dok vrh ne popuca i osuši se, a tester umetnut u sredinu ne izađe van s vlažnim tijestom, oko 55 minuta duže. Kolač potpuno ohladite u zdjeli na rešetki (kolač može pasti na sredinu).

g) Čvrsto pritisnite rub kolača da se poravna sa središtem kolača. Pokrijte i ostavite stajati na sobnoj temperaturi preko noći.

ZA KIRSCH ŠLAG:

h) Pomoću električne miješalice tucite vrhnje, šećer u prahu, kirsch i ekstrakt badema u velikoj zdjeli dok krema ne zadrži vrhove.
i) Preokrenite kolač na pladanj. Odlijepite foliju. Žlicom stavite šlag u veliku slastičarsku vrećicu sa srednjim zvjezdastim vrhom. Zvjezdice od tučenog vrhnja nanesite preko kolača tako da ga potpuno prekrijete. Zalijepite dodatne zvjezdice preko gornjeg ravnog središta torte kako biste oblikovali kupolu.
j) Ukrasite ušećerenim ljubičicama.

PIĆA

83. Trešnja-vanilija Bourbon

SASTOJCI:
- 1 šalica svježih ili smrznutih trešanja bez koštica
- 1 mahuna vanilije, podijeljena
- 2 šalice burbona
- ½ šalice meda ili javorovog sirupa

UPUTE:
a) Pomiješajte trešnje, mahunu vanilije, burbon i med u staklenoj posudi.
b) Zatvorite i ostavite da odstoji na hladnom i tamnom mjestu 1 do 2 tjedna, povremeno protresajući.
c) Procijedite i čuvajte u čistoj boci.

84. Limunada od višanja

SASTOJCI:
- 1 funta svježih višanja (ostavite nekoliko za ukras)
- 2 šalice šećera
- 8 šalica vode
- 6 do 8 limuna, plus dodatak za ukras

UPUTE:
a) U srednje velikoj tavi pomiješajte višnje, šećer i 3 šalice vode.
b) Kuhajte 15 minuta pa ostavite da se ohladi na sobnoj temperaturi.
c) Procijedite smjesu kroz fino mrežasto cjedilo.
d) Iscijedite dovoljno limuna da dobijete 1 ½ šalice limunovog soka.
e) Pomiješajte sok od višnje, sok od limuna i otprilike 5-6 šalica ohlađene vode (prilagodite svom ukusu).
f) Dobro promiješajte, a po želji dodajte tanke kriške limuna i svježe višnje za dodatni štih.

85. Tutti-frutti od višnje

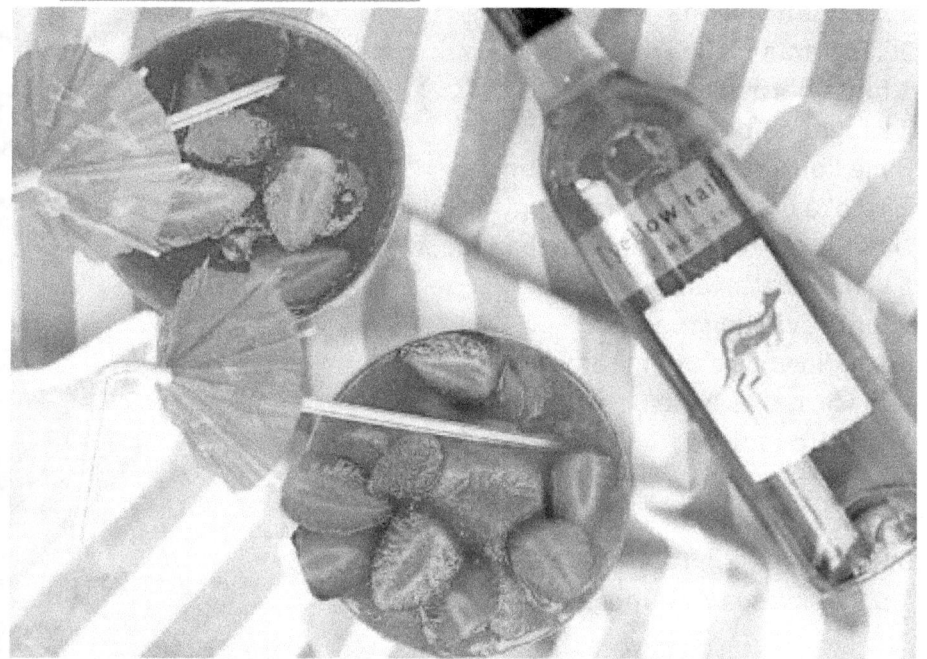

SASTOJCI:
- 4 kilograma jagoda
- 2 kilograma malina
- 1 funta borovnica
- 2 kilograma breskvi
- Dvije konzerve višanja od 16 unci
- Limenka od 12 unci smrznutog soka od crvenog grožđa
- Napitak od 12 unci ananasa, banane, marakuje
- 6 kilograma šećera
- 2 funte svijetlog meda
- dovoljno vode za pet litara
- 10 žličica mješavine kiseline
- 1½ žličice tanina
- 2½ žličice pektinskog enzima
- 6 žličica hranjiva za kvasac
- 5 Campden tableta, smrvljene (po izboru)
- 1 paket kvasca za šampanjac

UPUTE:
a) Sve voće pripremiti i staviti u jednu veliku ili dvije manje najlonske vrećice za cijeđenje. Odmrznite sokove. Stavite ih na dno dezinficiranog primarnog fermentora.
b) Zakuhajte oko 1 do 2 galona vode sa šećerom i medom, ovisno o tome koliko velik kuhalo za vodu imate. Po potrebi obrasti.
c) Vruću šećernu vodu prelijte preko voća i sokova. Dodajte ostatak vode potrebne za pet litara i malo više.
d) Dodajte hranjivu tvar za kvasac, kiselinu i tanin, uključujući Campdenove tablete, ako ih odlučite koristiti.
e) Pokrijte i postavite zračnu komoru. Ako koristite Campden tablete, pričekajte najmanje 12 sati prije dodavanja pektinskog enzima. U sljedećih 12-24 sata provjerite PA i dodajte kvasac.
f) Svaki dan promiješajte. Za tjedan ili dva izvadite vrećice s voćem i pustite ih da se ocijede bez stiskanja. Odbacite voće. Provjerite količinu vina i PA. Ako trebate dodati još vode, dodajte. Ako imate malo previše, ne brinite. Život je prekratak kakav jest.
g) Kad PA padne na 2 do 3 posto, prelijte vino u stakleni boc i opremite ga zračnom komorom.
h) Stavite ga još dva puta tijekom sljedećih šest mjeseci. Pričekajte da se vino izbistri i fermentira.
i) Puni se u velike boce normalne veličine. Pričekajte šest mjeseci prije pokušaja.

86. Punč od ananasa i trešnje

SASTOJCI:
- Paket od 3 unce mješavine želatine od višanja
- 1 šalica vruće vode
- Limenka soka od ananasa od 46 unci, ohlađena
- 4 šalice soka od jabuke, ohlađenog
- ¾ šalice soka od limuna
- 1 1tr. pivo od đumbira, ohlađeno
- Ukrasi: višnje maraskino, kriške limuna

UPUTE:
a) Pomiješajte mješavinu želatine i vruću vodu u maloj posudi dok se želatina ne otopi.
b) Ulijte u veliki vrč, umiješajte sokove; ohladiti se.
c) Kada ste spremni za posluživanje, dodajte pivo od đumbira u vrč, lagano miješajući da se sjedini.

87. Bourbon i koktel od trešnje

SASTOJCI:
- 4 žlice burbona
- 1 žlica + 1 žličica cherry brandyja
- 1 žlica smeđe creme de cacao
- 1 žličica Kahlua

GARNIRATI
- sloj vrhnja (dvostruki/teški)
- višnje maraske
- ribana čokolada/kakao prah

UPUTE:
a) Stavite trešnju u svaku koktel čašu
b) Stavite šaku leda u shaker za koktele ili vrč, a zatim dodajte sav alkohol
c) Miješajte 20 sekundi, a zatim procijedite u čaše
d) Nanesite malo duple kreme na vrh koktela (vidi napomene)
e) Pospite naribanom čokoladom ili s malo prosijanog kakaa u prahu

88. Trešnja Krastavac Osvježenje

SASTOJCI:
- 1 krastavac, oguljen i nasjeckan
- 1 šaka višanja
- 1 žlica svježeg cilantra
- 3 šalice vode

UPUTE:
a) Stavite svoje sastojke u vrč.
b) Ostavite u hladnjaku nekoliko sati da se strmi.
c) Poslužite dobro ohlađeno.

89. Višnja limeta

SASTOJCI:
- 1 šalica svježih trešanja bez koštica
- 2 limete, tanko narezane
- Agava sirup, po ukusu

UPUTE:
a) Stavite sastojke u staklenku.
b) Poslužite ohlađeno.

90. Trešnja-menta voda

SASTOJCI:
- 8 svježih trešanja očišćenih od koštica i prepolovljenih
- Voda
- ¼ šalice listova mente

UPUTE:
a) Zgnječite višnje i stavite ih u staklenku.
b) Napunite staklenku vodom; temeljito protresite.
c) Poslužite ohlađeno i uživajte!

91. Mocktail od trešnje i peršina

SASTOJCI:
- 7 unci dimljenog šećera
- 7 unci svježih trešanja bez koštica
- 4 grančice svježeg peršina
- 2 žlice meda
- sok od 1 limuna
- klub soda

UPUTE:
a) Pomiješajte dimljeni šećer s 8 unci vode u loncu i kuhajte na laganoj vatri, miješajući dok se šećer ne otopi.
b) Maknite s vatre i dodajte višnje i peršin.
c) Prebacite sirup u steriliziranu staklenu teglu i ostavite da stoji 3 sata.
d) Aromatizirani sirup ulijte u 4 čaše i dodajte med i limunov sok.
e) Prelijte ohlađenim gaziranim sokom.

92. Ledena moka od trešnje

SASTOJCI:
- 4 žlice espressa
- Led
- 1 žlica čokoladnog sirupa
- 1 žlica sirupa od višanja
- ½ žlice kokosovog sirupa
- 16 žlica hladnog mlijeka
- Šlag; za preljev
- Obrijana čokolada; za preljev
- 1 trešnja; za ukrašavanje

UPUTE:
a) Ulijte espresso u čašu od 12 unci napunjenu ledom.
b) Dodajte sirupe i mlijeko i promiješajte.
c) Na vrh stavite obilnu kuglicu tučenog vrhnja i naribanu čokoladu te ukrasite trešnjom.

93.Bing C liker od herryja

SASTOJCI:
- 2 kriške limuna
- 1 Peti VO
- Bing trešnje
- 2 žlice šećera

UPUTE:
a) Svaku staklenku do pola napunite višnjama.
b) Svakoj dodajte jednu krišku limuna i jednu žlicu šećera.
c) Zatim napunite do vrha s VO, čvrsto zatvorite poklopac, protresite i ostavite na hladnom mjestu 6 mjeseci.

94.Trešnja-vanilija Bourbon

SASTOJCI:
- 2 mahune vanilije , razdijeljene
- 8 unci suhih ili svježih trešanja
- 32 unce viskija

UPUTE:
a)   Sve promiješajte i ostavite na hladnom i tamnom mjestu najmanje 2 dana.

95. Rakija od višnje

SASTOJCI:
- ½ funte Bing trešnje. proizlazio
- ½ funte Granulirani šećer
- 2 šalice rakije

UPUTE:
a) Stavite trešnje u staklenku od 1 litre.
b) Višnje preliti šećerom.
c) Šećer i višnje preliti rakijom.
d) Kuhati 3 mjeseca. NEMOJTE TRESATI.
e) Procijediti u bocu.

96.Konjak s višnjama

SASTOJCI:
- 33 unce konjaka
- 0,15 unci mahuna vanilije
- 23 unce slatke trešnje bez koštice
- 7 unci šećera u prahu

UPUTE:
a) Napunite staklenku od dvije litre trešnjama bez koštica.
b) Dodajte šećer, mahunu vanilije i konjak.
c) Zatvorite staklenku i ostavite 2 tjedna

97. Trešnja Kombucha

SASTOJCI:
- 14 šalica kombuche crnog čaja, podijeljeno
- 32 unce trešanja bez koštica

UPUTE:
a) U procesoru hrane ili blenderu zgnječite višnje zajedno s otprilike 1 šalicom kombuche dok ne postanu tekuće.
b) Dodajte pire i preostalu kombuchu u staklenu posudu od 1 galona i zatvorite je čistom bijelom krpom pričvršćenom gumicom.
c) Ostavite staklenku na pultu na toplom mjestu, oko 72°F, najmanje 12 sati i ne više od 24 sata. Što se duže natapa, to će okus trešnje biti jači.
d) Prelijte kombuchu kroz cjedilo preko velike staklenke ili lonca kako biste uklonili sve krutine.
e) Pomoću lijevka ulijte kombuchu u boce i dobro ih zatvorite. Stavite boce na toplo mjesto, oko 72°F, da fermentiraju 48 sati.
f) Stavite 1 bocu u hladnjak na 6 sati, dok se potpuno ne ohladi. Otvorite bocu i kušajte kombuchu. Ako vam se sviđa mjehurić, ohladite sve boce i poslužite ohlađene.
g) Nakon što postignete željenu pjenušavost i slatkoću, ohladite sve boce kako biste zaustavili fermentaciju.

98. Martini od trešnje

SASTOJCI:
- 2 unce votke od vanilije
- ½ unce čokoladnog likera
- ½ unce Creme de Cacao
- 2 žličice soka od trešanja
- Ukras: tučeno vrhnje/strugotine čokolade/trešnje

UPUTE:
a) U čaši napunjenoj ledom pomiješajte votku od vanilije, čokoladni liker, creme de cacao i sok od višnje.
b) Dobro protresi.
c) Procijedite smjesu u coupe čašu i na vrh stavite tučeno vrhnje, komadiće čokolade i trešnju.

99.Cherry Boba milkshake

SASTOJCI:
- 110 ml čokoladno-mliječnog napitka
- 3 mjerice mlijeka u prahu
- 2 mjerice trešnje u prahu
- Nekoliko kuglica zdrobljenog leda
- I također nekoliko mjerica boba bisera

UPUTE:
a) Sve istresti u šalicu s poklopcem.
b) Na kraju, led i boba biseri.

100. Smoothie od trešnje i vanilije

SASTOJCI:
- 1 šalica smrznutih trešanja bez koštica
- ¼ šalice sirovih oraha makadamije
- ½ banane, narezane na kockice
- ¼ šalice sušenih goji bobica
- 1 žličica čistog ekstrakta vanilije
- 1 šalica vode
- 6 do 8 kockica leda

UPUTE:
a) Stavite sve sastojke osim sladoleda u blender i miksajte dok ne postane glatka i kremasta.
b) Dodajte led i ponovite postupak. Pijte ledeno hladno.

ZAKLJUČAK

Dok završavamo naše putovanje kroz svijet trešanja, nadam se da vas je ova kuharica nadahnula da istražite slatke i trpke okuse ovog omiljenog voća u vlastitoj kuhinji. "VRHUNSKA KUHARICA S TREŠNJAMA" izrađena je sa strašću za slavljenje ukusne svestranosti trešanja, nudeći širok raspon recepata za svaki ukus i priliku.

Hvala vam što ste mi se pridružili u ovoj kulinarskoj avanturi. Neka vaša kuhinja bude ispunjena neodoljivim mirisom pita od višanja koje se peku u pećnici, slatkom ljutinom džemova od višanja koji krčkaju na štednjaku i živim bojama salata od višanja koje krase vaš stol. Bilo da uživate u trešnjama kao slatkom zalogaju ili ih dodajete u slana jela, neka svaki zalogaj bude proslava slasti ovog omiljenog voća.

Do ponovnog susreta, sretno kuhanje i neka vaše kulinarske kreacije i dalje oduševljavaju i inspiriraju. Živjeli u čudesnom svijetu trešanja i radosti koju donose na naše stolove!

www.ingramcontent.com/pod-product-compliance
Lightning Source LLC
Chambersburg PA
CBHW070351120526
44590CB00014B/1094